Jürgen Hesse
Hans Christian Schrader

Die 100 wichtigsten Fragen zum Assessment Center

Optimale Vorbereitung
in kürzester Zeit

eichborn.exakt

Die Autoren

Jürgen Hesse, Jg. 1951, Diplom-Psychologe im Büro für Berufsstrategie, Geschäftsführer der Telefonseelsorge Berlin e.V.

Hans Christian Schrader, Jg. 1952, Diplom-Psychologe im Krankenhaus Am Urban in Berlin.

Div. gemeinsame Veröffentlichungen, u.a.: Die perfekte Bewerbungsmappe für Führungskräfte; Die perfekte Bewerbungsmappe für Hochschulabsolventen; Die Neurosen der Chefs; Optimale Bewerbungsunterlagen; Das erfolgreiche Vorstellungsgespräch; VERDIENEN SIE SOVIEL, WIE SIE VERDIENEN?; Testtraining 2000 (alle im Eichborn Verlag).

In der Reihe **eichborn.exakt** u.a. erschienen: Testtraining Allgemeinwissen; Testtraining Persönlichkeit; Die perfekte schriftliche Bewerbung; Das ABC der erfolgreichen Bewerbung; Das perfekte Vorstellungsgespräch; Orientierungstests für Schulabgänger; Die 100 häufigsten Fragen im Vorstellungsgespräch; Das perfekte Arbeitszeugnis; Testtraining Logik; von den Autoren Herrmann/Verse-Herrmann: So finanziere ich mein Hochschulstudium, Der Hochschul-Test; von den Autoren Hitschfel/Zimmer: Der richtige Ausbildungsplatz.

Für die Unterstützung danken wir *Meike Müller*, Berlin.

2 3 4 02 01 00

Eichborn AG, Frankfurt am Main, Oktober 1999
Reihenkonzeption: Christina Hucke (Umschlag), Petra Wagner (Layout)
Lektorat und Satz: Dr. Jörg Meidenbauer Verlagsbüro, München
Druck und Bindung: Clausen & Bosse, Leck
ISBN 3-8218-1547-7

Verlagsverzeichnis schickt gern:
Eichborn Verlag, Kaiserstraße 66, D-60329 Frankfurt am Main
http://www.eichborn.de

INHALT

Fast Reader

Assessment Center (AC) werden immer häufiger eingesetzt. Deshalb werden auch immer mehr Berufsein-, um- und aufsteiger/innen* mit ihnen konfrontiert. Wir wollen helfen, dieses Verfahren zu verstehen, zu durchschauen und zu bewältigen – mit den 100 wichtigsten Fragen zum AC, z.B.:

- Wie läuft ein Assessment Center (AC) ab? (S. 17)
- Nach welchen Kriterien wird geprüft? (S. 29)
- Mit welchen Aufgaben ist zu rechnen? (S. 28)
- Warum ist auch die Körpersprache von Bedeutung? (S. 90)
- Warum sollte man auch in den AC-Pausen wachsam sein? (S. 137)
- Was sagen die Testergebnisse im Assessment Center über die berufliche Eignung der Kandidaten aus? (S. 146)
- Wie bereitet man sich auf das Assessment Center vor, und wo gibt es weitere Informationen zu diesem Verfahren? (S. 156)

* Wenn im folgenden überwiegend die männliche Form (Bewerber, Kandidat, Chef etc.) verwendet wird, soll das keine Diskriminierung der Leserinnen darstellen, sondern geschieht allein deshalb, um den Sprachfluß nicht zu stören.

Vorwort

Wer beispielsweise in ein Traineeprogramm einsteigen will oder eine Führungsposition anstrebt – kurz: wer zur großen Karriere ansetzt, der kommt am Assessment Center (Abkürzung: AC) kaum noch vorbei. Aber auch angehende Azubis müssen sich dieser Methode, oder zumindest Teilen davon, stellen. Immer mehr Unternehmen setzen auf das wohl härteste, jedoch keineswegs unumstrittene Auswahlverfahren.

Der Begriff Assessment Center (AC) ist zwar vielen bekannt, aber nur wenige wissen genau, was es damit auf sich hat. Wir werden deshalb die 100 wichtigsten Fragen zum AC beantworten.

Die ersten 10 Fragen bieten einen Einstieg in die »Materie« – sozusagen den groben Überblick über das Was und Wie. Danach wird es immer detaillierter: angefangen bei der Frage, wie man möglichst entspannt am Ort des Prüfungsgeschehens ankommt, bis hin zu der Notwendigkeit, schauspielerisches Talent zu zeigen.

Ab Frage 24 können Sie sich dann mit den einzelnen Übungen, den Anforderungen und Bewältigungsstrategien vertraut machen. Die Fragen 91–100 enthalten Tips für die Vor- und Nachbereitung des ACs und sollen letztlich helfen, das ganze Verfahren nicht zu ernst zu nehmen.

1 Was ist ein Assessment Center (AC)?

Das Assessment Center (vom engl. to assess = abschätzen, center = Mittelpunkt) wird von vielen Arbeitgebern als eine Art »Wunderwaffe« der Personalauslese gefeiert. Es handelt sich dabei nicht – wie der Name vielleicht vermuten ließe – um ein Zentrum, eine spezielle Institution mit festem Platz, sondern vielmehr um ein Verfahren, das Unternehmen/Organisationen nutzen, um Personal auszuwählen.

Laut Definition eines der AC-Päpste ist das AC ein systematisches Verfahren »zur qualifizierten Feststellung von Verhaltensleistungen bzw. Verhaltensdefiziten, das von mehreren Beobachtern gleichzeitig für mehrere Teilnehmer in bezug auf vorher definierte Anforderungen angewandt wird« (Jeserich, W.: Mitarbeiter auswählen und fördern, München/Wien 1981, S.33). In Worten eines anderen AC-Gurus bekommen Sie es mit »einer multiplen Verfahrenstechnik« zu tun, »zu der mehrere eignungsdiagnostische Instrumente oder leistungsrelevante Aufgaben zusammengestellt werden«. Es geht um »die Einschätzung aktueller Kompetenzen oder die Prognose künftiger beruflicher Entwicklung und Bewährung« (Schuler, H.: Assessment Center als Auswahl- und Erfolgsinstrument: Einleitung und Überblick. In: Schuler, H. & Stehle, W.: Assessment Center als Methode der Personalentwicklung. Stuttgart 1987, S.2).

Wir möchten es lieber etwas salopper formulieren: Für uns sind ACs eine bunte Mischung aus subtilen Psychotests zur Personalauslese, eine spezielle Art von Personalauswahl-Prüfungen. Sie sind Ihnen unter anderem Namen bereits aus Grimms Märchen bekannt, in denen angehende Helden oder Freier von Königstöchtern nicht ohne das Bestehen gewisser Prüfungen zum Ziel bzw. Erfolg kommen können.

2 Wer hat dieses Auswahlverfahren entwickelt?

Man lese und staune: Deutsche Wehrmachtspsychologen entwickelten es und in den 30er Jahren wurde es zuerst zur Auslese des Offiziernachwuchses eingesetzt. Ab 1927 durfte kein Offizier der Reichswehr ernannt werden, der das sogenannte heerespsychotechnische Auswahlverfahren nicht erfolgreich durchlaufen hatte.

In den 50er Jahren wurde es in den USA weiterentwickelt, wo es längst routinemäßig zur Personalauswahl herangezogen wird. Seit Mitte der 70er Jahre werden Assessment Center auch wieder im deutschsprachigen Raum angewendet.

3 Wer setzt das Assessment Center ein?

In Deutschland laden bereits mehrere 100 Unternehmen Bewerber zum Assessment Center ein, um »auf Teufel komm raus« zu testen, wie die Kandidaten wirklich sind, ob sie zum Unternehmen passen, wo ihre Stärken und Schwächen liegen etc. 85 Prozent der großen deutschen Konzerne »schleusen« in erster Linie Hochschulabsolventen der Betriebswirtschaftslehre und Ingenieure durch diese Prozedur.

Kaum ein großer Name in der Deutschen Wirtschaft, der nicht mit der Durchführung von ACs herumlaboriert, wie z.B. AEG, Allianz-Lebensversicherung, Bayer, Hypo-Vereinsbank, Beiersdorf, BP, Colonia Versicherung, Daimler Chrysler, Deutsche Bank, Dresdner Bank, Dunlop, Ford, Gerling, Hamburg Mannheimer Versicherung, Hoechst, Karstadt, Kaufhof, Krupp, Lufthansa, Nordstern Versicherung, Opel, Siemens, Unilever, Veba, Vereinigte Versicherungsgruppe, VW und viele mehr.

Aber auch wer die Beamtenlaufbahn einschlagen will oder Offizier werden möchte, muß mit einem Auswahl-AC rechnen.

4 Warum gilt es als härtestes Personalauswahlverfahren?

Was immer Sie als Assessment-Center-Kandidat vorzutragen und zu leisten haben, es wird versucht, die Kandidaten, die Mitbewerber miteinander zu vergleichen, möglichst auch hinter die Fassade zu schauen. Ein oder mehrere Tage am Stück unter Zeitdruck und permanenter Kontrolle – kein Wunder, daß sich so mancher AC-Teilnehmer hinterher erschöpft und ausgelaugt fühlt wie ein Zehnkämpfer nach der letzten Disziplin.

Hinzu kommt, daß Sie sich als unfreiwillig-freiwilliger Teilnehmer auf ganz unterschiedliche Aufgaben einstellen müssen, nicht selten mitten in einer Übung unterbrochen werden, um dann schnell eine andere zu lösen. Beim AC wird man nicht selten systematisch in die Enge getrieben. Getestet wird vor allem, wie es um Ihre Frustrationstoleranz und Streßresistenz steht. Daß man da Nerven wie Drahtseile braucht, versteht sich von selbst.

5 Wie läuft ein Assessment Center ab?

Ein Assessment Center kann von mehreren Stunden über einen halben bis zu einigen Tagen dauern. Meist sind es eineinhalb bis zwei. Über diesen Zeitraum beobachtet Sie eine Prüfungskommission (meist Führungskräfte des Unternehmens – siehe auch Fragen 6 und 7).

Hier eine Übersicht zu Ablauf und Aufgaben eines typischen Bank-ACs für einen Traineeplatz:

1. Tag

8.00 – 9.30	Einführung Allen Teilnehmern wird das AC, dessen Transparenz und Objektivität erläutert. Der genaue Zeitplan und der Ablauf werden bekanntgegeben. Die AC-Beobachter und -Moderatoren stellen sich vor. Im Anschluß daran Vorstellung der Teilnehmer, jeder stellt aber nicht sich selbst, sondern seinen Nachbarn vor.
9.30 – 10.30	Gruppendiskussion 6 Bewerber, 4 Beurteiler. Jeder erhält eine kurze Aufgabenbeschreibung. In dieser führerlosen Gruppendiskussion wird ein betriebswirtschaftlich-gesellschaftspolitisches Thema diskutiert und ein Maßnahmenkatalog von den Teilnehmern erarbeitet.
10.30 – 11.00	Kaffeetrinken/Smalltalk
11.00 – 13.00	Kombinierte Einzel- und Gruppenübung Jeder Teilnehmer bekommt schriftliche Unterlagen einer Fallstudie, die er 30 Minuten alleine bearbeitet und über

die er ein Kurzgutachten erstellt (Thema: ein personalpolitischer Fall). Anschließend gibt es für alle Gruppenteilnehmer weitere Unterlagen zu diesem Fall und auf Grundlage der individuellen Ergebnisse muß jetzt die Gruppe insgesamt das Problem weiter bearbeiten.

13.00 – 14.30 Gemeinsames Mittagessen aller AC-Teilnehmer

14.30 – 15.30 Rollenspiel Verhandlung

Zwei Bewerber und jeweils zwei Beobachter. Jeder Bewerber bekommt eine zwei Seiten umfassende Rollenanweisung und 20 Minuten Vorbereitungszeit. Rollen: Einkäufer und Verkäufer. Anschließend findet ein simuliertes Verkaufs- und Verhandlungsgespräch statt, bei dem ein Verkaufs-/Einkaufsergebnis zu erzielen ist.

15.30 – 16.15 Kaffeepause/Smalltalk

16.15 – 17.00 Vorbereitung/Präsentation

Jeder Bewerber bekommt einen 20seitigen betriebswirtschaftlichen Text, der zusammengefaßt und im Anschluß vorgetragen werden muß.

17.00 – 18.00 Präsentation

Ein Bewerber, zwei Beobachter. Der bearbeitete Text muß innerhalb von zehn Minuten vorgetragen werden. Die Beobachter bleiben passive Zuhörer.

18.00 – 19.00 Zwischenbilanz

Alle AC-Teilnehmer tauschen sich aus, sprechen über positive und negative Aspekte und Eindrücke des ersten Tages.

20.00 – 21.00	Gemeinsames Abendessen
21.00 – 21.45	Informationen über Trainee-Programm und Aufstiegsmöglichkeiten

2.Tag

9.00 – 9.45	Interview 1 Bewerber/Beobachter (Vieraugengespräch) Themen: Lebenslauf, Motive der Berufswahl, Karriere- und Zukunftspläne, Sprachkenntnisse, Sonstiges
9.45 – 10.00	Kaffeepause/Smalltalk
10.00 – 10.45	Interview 2 Bewerber/anderer Beobachter (Vieraugengespräch) (gleiche Themen wie im ersten Gespräch)
10.45 – 13.00	Testbatterie (Intelligenz-, Leistungs-/Konzentrations- und Persönlichkeitstest)
13.15 – 14.00	Gemeinsames Mittagessen
14.00 – 14.30	Gruppenabschlußgespräch Ende der Veranstaltung für die Teilnehmer
15.00 – 21.00	Auswahlkonferenz AC-Beobachter und -Moderatoren treffen sich zur Ergebnisdiskussion und -findung. Jeder einzelne AC-Kandidat wird ausführlich besprochen, die Verlierer verabschiedet.

6 Was machen die Assessoren?

Abhängig von der Zahl der Bewerber müssen Sie im Assessment Center mit drei bis sechs Assessoren – man nennt sie auch Beobachter – rechnen. Sie repräsentieren die Auswähler, die Arbeitsplatzvergeber, deren Daumenrichtung nach oben oder unten letztlich entscheidend ist.

Das ist Ihr Publikum, lieber AC-Kandidat, die Prüfungskommission, die vergleichbar mit Eiskunstlaufrichtern ihre Noten, ihre Bewertungen abgibt und damit über Wohl und Wehe entscheidet.

7 Welche Aufgabe hat der Moderator?

Neben den Assessoren tritt bisweilen auch ein sogenannter Moderator auf (z.B. eine Führungskraft der Firma oder ein Mitarbeiter des für die Durchführung eines Assessment Centers beauftragten Unternehmens). Seine Aufgabe besteht darin, wie ein Fernsehconferencier die einführenden und überleitenden Worte zu den einzelnen AC-Aufgaben zu finden und den organisatorischen Ablauf zu gewährleisten. Er weist Beobachter und Teilnehmer ein und steuert den Gesamtablauf.

Meist ist es der Moderator, der das AC vorbereitet, Übungen auswählt, eventuell sogar neue konstruiert und den Zeitplan festlegt.

Manche Moderatoren verstehen sich auch als Unterhalter und versuchen mit mehr oder weniger gelungenen Witzchen, die Kandidaten etwas aufzulockern.

Jetzt kennen Sie also schon die mitwirkenden Personengruppen eines ACs. Noch einmal zusammengefaßt:

- Die Hauptdarsteller sind die Kandidaten – also auch Sie.
- Die Assessoren sind so eine Art Jury/Schiedsrichter/Bewertungsgremium.
- Der oder die Moderatoren – manchmal gibt es zwei, häufiger ist aber lediglich einer – begleiten, moderieren in der Art eines Conférenciers den gesamten Ablauf.

8 Werden nur Führungskräfte mit einem Assessment Center getestet?

Bis vor einigen Jahren wurden lediglich oder überwiegend Führungskräfte mit einem Assessment Center konfrontiert. Aber die Zeiten, in denen das AC nur dem auserwählten Kreis hochbezahlter Manager vorbehalten war, sind vorbei. Wer sich heutzutage um einen Ausbildungsplatz bei einer Bank, einer Versicherung, für die Beamtenlaufbahn oder sogar im Reisebüro bewirbt, muß ebenso mit diesem Verfahren oder zumindest Teilstücken davon rechnen.

9 Warum heißt ein Assessment Center nicht immer Assessment Center?

Psychologen, Personalabteilungen und Unternehmen haben sich zahlreiche Begriffe einfallen lassen, um das Assessment Center umzubenennen – vielleicht um ihr Auswahlverfahren zu verschleiern, vielleicht auch nur aus Imagegründen. Wenn Sie also demnächst an einem Management- bzw. Personalentwicklungs-Seminar, einem Führungskräfte-Potential-Test, Qualifizierungs-Workshop oder schlicht Auswahl-, Förderungs-, Beurteilungs-, Qualifikations-, Entwicklungs-Seminar teilnehmen, wissen Sie, daß Sie sich auf ein AC einstellen können. Einige Firmen setzen auch gern auf geheimnisvolle Abkürzungen: Drei Buchstaben erfreuen sich bei Personalauslesern größter Beliebtheit. Beispiel: PAC für das AC der Hessischen Landespolizei.

10 Wird man als Bewerber darauf vorbereitet, was einen im Assessment Center erwartet?

Die Antwort ergibt sich schon fast aus der vorherigen Frage: Nein, zumindest nicht in jedem Fall. Denn, wie gesagt, nicht immer wird ein Assessment Center auch beim Namen genannt. Deshalb ist es für den Bewerber nicht ganz leicht, zu durchschauen, was ihn erwartet. Unser Tip: Rufen Sie bei dem Unternehmen an, vielleicht gibt man Ihnen Informationen oder sogar Tips, womit Sie zu rechnen haben.

Nur für den Fall, daß man Ihnen keine Auskunft gibt – setzen Sie unbedingt auch andere Hebel in Bewegung, um möglichst gut vorbereitet an den Start zu gehen (siehe Frage 100). Vielleicht erfahren Sie im Zuge Ihrer Recherche ja auch einiges über das Testverfahren, das Ihr Wunschunternehmen üblicherweise anwendet.

11 Was kann man tun, um am Testtag möglichst entspannt einzutreffen?

Einerseits ist es wichtig, sich rechtzeitig mit Hilfe von Büchern, eventuell auch Seminaren oder einer Berufs-Karriereberatung (siehe Frage 100) vorzubereiten.

Den Tag vor dem Assessment Center sollten Sie möglichst ruhig gestalten. Gehen Sie rechtzeitig ins Bett, und lassen Sie die Party mit Freunden besser sausen, denn am nächsten und gegebenenfalls übernächsten Tag brauchen Sie volle Konzentration und Ihre ganze Energie.

Verzichten Sie auf Beruhigungsmittel – wenn Sie selber wie eine Schlaftablette vor den Assessoren sitzen, sammeln Sie mit Sicherheit keine Pluspunkte. Im Gegenteil: Ein bißchen Aufregung kann sympathischer wirken als die totale Coolness. Nutzen Sie die Anspannung dazu, frisch zu wirken. Statt auf pharmazeutische Produkte sollten Sie bei großer Prüfungsangst lieber auf Entspannungsmethoden wie autogenes Training, Yoga oder die Muskelentspannung (nach Jacobsen) setzen. Für den Fall, daß Sie extrem unter Prüfungsangst leiden, empfehlen wir Ihnen, auch psychotherapeutische Hilfe in Anspruch zu nehmen. Erfahrene Fachleute auf diesem Gebiet können Ihnen bestimmt helfen.

12 Was sollte man an Unterlagen und Utensilien dabei haben?

Denken Sie an Kopien Ihrer Bewerbungsunterlagen. Natürlich sollten Sie sich längst in Erinnerung gebracht haben, wie Sie sich dem Unternehmen schriftlich präsentiert haben. Aber für den Fall, daß Sie in der Aufregung etwas vergessen, können Sie z.B. vor der Übung »Interview« noch einmal einen Blick hineinwerfen.

Stecken Sie Stifte, Papier und Linienpapier zum Unterlegen ein. In der Regel werden Sie mit diesen Utensilien versorgt. Aber Sie wissen ja: Ausnahmen bestätigen die Regel. Nehmen Sie auch Lutschbonbons für den Hals mit und vielleicht Traubenzucker oder Schokoriegel für die kleine Stärkung zwischendurch. Manchmal ziehen sich AC-Übungen nämlich ziemlich lange hin, der Blutzuckerspiegel sinkt und damit auch die Konzentration.

Denken Sie auch an entspannende Lektüre oder Ihren Walkman, damit Sie abends vor dem Schlafen besser abschalten können. Und vergessen Sie nicht Ihren Reisewecker. Nicht immer wird man geweckt oder kann mit dem auf dem Zimmer befindlichen Modell umgehen. Und falls Sie vor lauter Anstrengung Kopfschmerzen bekommen, ist es gut, wenn Sie für den Notfall Tabletten dabeihaben.

13 Muß man Anreise, Unterkunft und Verpflegung selbst bezahlen?

Das ist unterschiedlich. Die Unterkunft – meist im Hotel oder bei einer Bundeswehrbewerbung in der Kaserne – wird von den Unternehmen oder Institutionen bezahlt. Anreise- und Verpflegungskosten übernehmen leider nicht alle AC-Veranstalter. Stellen Sie sich also auf ein paar Ausgaben ein. Am besten klären Sie das vorher ab.

14 Mit welchen Aufgaben und Übungen ist zu rechnen?

Die AC-Konstrukteure nennen die AC-Aufgabentypen gern Arbeitsproben oder Übungen. Doch diese harmlos klingenden Bezeichnungen sollten nicht darüber hinwegtäuschen, daß es sich bei den einzelnen Aufgabentypen des AC um knallharte Prüfungen handelt.

Die wichtigsten im AC gebräuchlichen Einzelverfahren sind:

- individuell auszuführende Arbeitsproben und Aufgabensimulationen (darunter sind zu verstehen: Organisations-, Planungs-, Entscheidungs-, Kontroll- und Analyseaufgaben)
- Gruppendiskussion (mit und ohne Rollenvorgabe)
- Gruppenaufgaben mit Wettbewerbs- und/oder Kooperationscharakteristik
- Vorträge und Präsentationen
- Rollenspiele (meist zu zweit, z.B. Verkaufs-, Mitarbeiter-Problem/Konflikt-Gespräch)
- Einzel-, Gruppen- und Panelinterviews
- Unternehmensplanspiele
- Intelligenz- und Leistungs-/Konzentrationstests
- Persönlichkeits- und Interessentests
- Biographische Fragebögen
- verkappte Interviews in Form von sogenannten Abschluß- und/oder Beurteilungsgesprächen

15 Nach welchen Kriterien wird geprüft?

Mit dem Assessment Center wartet ein zum Teil recht ausgeklügeltes Ausleseverfahren auf Sie. Entscheidend ist, daß Sie durchschauen, worum es bei diesem Auswahlverfahren wirklich geht. Die Prüfer sprechen davon, daß sie die Eignung des Bewerbers testen wollen, die sie in aller Regel an drei Kriterien festmachen:

1. **Kompetenz** (bedeutend): Haben Sie berufsrelevante Erfahrungen, Kenntnisse, Eigenschaften?

2. **Leistungsmotivation** (wichtig): Sind Sie engagiert? Haben Sie Biß? Sind Sie wirklich lern-, einsatz-, arbeitswillig? Können Sie sich mit der Aufgabe/dem Unternehmen identifizieren?

3. **Persönlichkeit** (absolut entscheidend): Sind Sie sympathisch? Anpassungsfähig? Passen Sie zur Firma?

Allerdings sind diese drei wichtigsten Untersuchungsgegenstände nicht immer ganz klar voneinander abzugrenzen. So könnte man z.B. zu testende Eigenschaften wie Verantwortungsbewußtsein, Zuverlässigkeit und Teamfähigkeit allen drei Kategorien zuordnen.

16 Warum ist der Faktor Sympathie so wichtig?

Daß Sie fachlich »was drauf haben«, konnte man schon Ihren Bewerbungsunterlagen entnehmen bzw. den Personalunterlagen und Beurteilungen Ihrer Vorgesetzten, wenn Sie ein interner Kandidat sind. Davon geht man also aus. Nun will man schauen, was für ein Mensch Sie sind. Die Personalauswähler interessiert, ob Sie jemand sind, mit dem man gerne den ganzen Tag und länger zusammenarbeiten würde. Es wird geprüft, wie Sie mit Menschen umgehen, wie Ihre Wirkung ist, ja, mit was für einer Persönlichkeit man es bei Ihnen zu tun hat. »Persönlichkeit« zählt (neben »Kommunikationsfähigkeit«) zu den wichtigsten globalen Einstellungs- und Aufstiegskriterien, z.B. bei der Allianz – so das Fazit eines FAZ-Artikels über angehende Führungskräfte dieses Versicherungskonzerns. Auch für den Personalchef der Preussag AG steht die Persönlichkeit des Bewerbers im Mittelpunkt und weniger seine akademische Herkunft.

Es geht um den berühmt-berüchtigten ersten Eindruck, der bei unbekannten Gesprächspartnern die Weichen in Richtung einer positiven (Sympathie) oder negativen Gefühlsreaktion (Antipathie) stellt. Das trifft sowohl auf die Beziehung Auswähler/Auszuwählender zu, wie auch auf die Gruppensituation unter den Kandidaten. Spezielle AC-Aufgaben beziehen sich sogar ganz konkret auf dieses Sympathiethema (»Wem aus der Gruppe würden Sie am ehesten ein gebrauchtes Auto abkaufen?«).

Sympathie entsteht aufgrund verbaler und nonverbaler Kommunikation, also über die Sprache (formal/inhaltlich) und Sprechweise (laut/leise, Klang, Dialekt ...) einerseits und andererseits über Merkmale wie Aussehen, Auftreten, Körpersprache und Kleidung (siehe auch nächste Frage).

17 Wie kann man Sympathie für sich mobilisieren?

Wenn auch so mancher glaubt, daß Sympathie entweder vorhanden ist oder eben nicht und sich daran wenig ändern läßt, ist das nicht richtig. Denn Sympathie können Sie durchaus mobilisieren: und zwar immer dann, so eine psychologische Definition, wenn Ihr Gegenüber den Eindruck und die Hoffnung gewinnt, daß Sie einen Beitrag zu seiner Bedürfnisbefriedigung (Erfolg, Macht etc.) leisten können. Wodurch Sympathie (und auch Antipathie) gefördert wird, können Sie folgender Tabelle entnehmen:

SYMPATHIE mobilisiert eher ...	***ANTIPATHIE*** mobilisiert eher ...
Anpassung	mangelnde Anpassung
Charisma	fehlendes Charisma
Freundlichkeit	Unfreundlichkeit
Höflichkeit	Unhöflichkeit
Gelassenheit	Nervosität
Ruhe	Unruhe
Selbstsicherheit	Unsicherheit
Geduld	Ungeduld
Toleranz	Intoleranz
Gleichberechtigung	Dominanz-/Machtstreben
Gewährenlassen (Freiheit)	Beherrschung (Unfreiheit)
Attraktivität	Abstoßendes Äußeres
Schönheit	Häßlichsein
Gewandtheit	Verkrampftheit
Entspanntheit	Anspannung
gleiche/ähnliche Interessen/ Hobbys	stark unterschiedliche Interessen/ Hobbys

Der letzte Punkt der Tabelle sei noch einmal besonders hervorgehoben: Wenn es Parallelen, etwas Gemeinsames zwischen den Sie Beobachtenden und Ihnen gibt, steigen Ihre Chancen, als besonders sympathisch empfunden zu werden. Denn dann laufen Identifizierungsprozesse ab (»Die/der ist ja genauso wie ich«). Auch biographische Parallelen (dieselbe Uni, derselbe Geburtsort, Ex-Arbeitgeber etc.) haben den gleichen Effekt. Wer leistungsmotiviert und kompetent wirkt, macht sich zusätzlich sympathisch. Denn diese Ihnen zugeschriebenen Eigenschaften tragen zur Realisation des Arbeitgeberbedürfnisses nach erfolgreichen Mitarbeitern bei.

Leistungsmotivation und Kompetenz offenbaren sich allerdings nicht so schnell wie das zentrale, auf die Persönlichkeit bezogene und auch durch unbewußte Faktoren mitgesteuerte Sympathiegefühl. Als Bewerber muß es daher Ihr Ziel sein, diese drei Essentials (Persönlichkeit, Leistungsmotivation und Kompetenz) während des gesamten Ausleseverfahrens als Signale so »auszusenden«, daß sie beim AC-Veranstalter (Beobachter, Arbeitgeber) »ankommen«. Auf dem Weg zu diesem Ziel können Ihnen folgende Fragen behilflich sein:

- Was für ein Mensch sind Sie, und wie präsentieren Sie sich?
- Wie bringen Sie Ihre Leistungsmotivation deutlich zum Ausdruck?
- Wie vermitteln Sie überzeugend Ihre Kompetenz?

18 Was versprechen sich Unternehmen und Behörden/Institutionen eigentlich von einem Assessment Center?

Es ist klar, daß jedes Unternehmen für sich nur die Rosinen aus dem Bewerberkuchen, sprich die besten Mitarbeiter, herauspicken will. Um diesen Wunsch Wirklichkeit werden zu lassen, haben sich patente, geschäftstüchtige Köpfe die Vermarktung des AC-Personalausleseverfahrens auf ihre Fahnen geschrieben. Und das mit entsprechendem kommerziellem Erfolg.

Was steckt dahinter? Unter der Annahme, daß ein Arbeitsplatz ganz bestimmte Eignungs- und Persönlichkeitsmerkmale von seinem Inhaber abverlangt, versucht der AC-Konstrukteur, eben diese herauszufiltern und in von ihm erdachten angeblich realitätsgerechten Übungen zu überprüfen.

Im AC stehen Sie auf dem Prüfstand. Herausgefunden werden soll, ob Sie ggf. das Zeug zur Führungskraft, zum fähigen Mitarbeiter haben. Eine gute, »ideale« Führungskraft, ein guter Mitarbeiter zeichnet sich durch folgende Eigenschaften aus:

1. soziale Kompetenz
2. systematisch-zielorientiertes Denken und Handeln
3. Aktivitätspotential
4. verbale und schriftliche Ausdrucksfähigkeit

(s.a. Frage 23)

19 Was ist mit sozialer Kompetenz gemeint?

Nach einer gängigen Definition versteht man darunter das Ausmaß, in dem ein Mensch in der Interaktion mit anderen im privaten, beruflichen und gesamtgesellschaftlichen Kontext selbständig, umsichtig und konstruktiv zu handeln vermag. Es geht um die Fähigkeit, zwischenmenschliche Kommunikation und Interaktion optimal zu gestalten. Schlüsselqualifikationen sind:

- Sensibilität (Einfühlungsvermögen, Probleme und Gefühle anderer erkennen und berücksichtigen, realistische Einschätzung der Wirkung der eigenen Person auf andere)
- Kontaktfähigkeit (auf andere zugehen können, leicht ins Gespräch kommen, Offenheit bezüglich eigener Ziele, Absichten, Methoden, vertrauensvoller und hilfsbereiter Umgang mit anderen)
- Kooperationsfähigkeit (Aufgreifen und Weiterführen der Ideen anderer, sich nicht auf Kosten anderer durchsetzen, Erfolg mit anderen teilen, Verzicht auf Konkurrenzdenken, Machtinteressen und Rivalität)
- Integrationsvermögen (Konfliktursachen erkennen und Lösungen anstreben, unterschiedliche Interessen zielgerichtet »kanalisieren« ohne das eigene Konzept aufzugeben)
- Informationsbereitschaft (andere mit Informationen versorgen, wichtige Informationen nicht zurückhalten, zuhören können und Zeit für Gespräche haben)
- Selbstkontrolle (auf Angriffe nicht aggressiv reagieren, andere nicht provozieren, in der Stimmungslage berechenbar sein)

Was fällt Ihnen dazu ein? Bei welchen Ereignissen in Ihrem (Berufs-)Leben haben Sie soziale Kompetenz unter Beweis gestellt?

Nicht schlecht, wenn Sie sich dazu ein paar Gedanken, gegebenenfalls auch Notizen machen. Im Sinne einer optimalen Vorbereitung ist dies das beste Vorgehen. Im Zweifelsfall fragen Sie auch bei Partnern, Freunden, Kollegen, Bekannten nach, was ihnen zu diesem Stichwort in bezug auf Ihre Person einfällt.

20 Was versteht man unter systematisch-zielorientiertem Denken und Handeln?

Damit ist ein Denken und Handeln gemeint, das sich durch Logik, Zielsetzung und Nachvollziehbarkeit auszeichnet – also keines, das aus dem Bauch heraus entsteht, sondern klaren Regeln folgt. Es setzt sich aus folgenden Merkmalen zusammen:

- Analytisches Denken (Gemeinsamkeiten zwischen unterschiedlichen Sachverhalten erkennen, allgemeine Regeln aus der Betrachtung von Einzelfällen ableiten können und auf die Ziele anwenden)
- Konzeptionelles Denken (Entwickeln von Problemlösungsstrategien, Erstellen einer adäquaten Rangfolge von Einzelschritten bei der Projektplanung)
- Kombinatorisches Denken (Verarbeitung und Übernahme von Informationen und Denkweisen anderer Fachdisziplinen, Kombinieren vorhandener Daten in neuartiger Weise und Entwickeln von Alternativen)
- Effiziente Arbeitsorganisation (Einhalten von Terminen und Absprachen, Überblick halten und Aufgaben verteilen können, eigene Aufgaben bis zum kompletten Abschluß bringen)
- Entscheidungsvermögen (Einbeziehung aller verfügbaren Informationen, Anfordern und Bewerten von Alternativen, kein Auf- oder Abschieben von Entscheidungen, kalkulierbares Risiko eingehen, Folgen der Entscheidung bedenken)
- Planungs- und Kontrollvermögen (Arbeitsziele formulieren, Ordnungskriterien suchen und sichtbar machen, planvolles Vorgehen, Arbeitsabläufe aufeinander abstimmen, komplexe Sachverhalte schnell strukturieren können, Überprüfung der Planerfüllung)

21 Was verbirgt sich hinter dem Begriff Aktivitätspotential?

Damit ist eine Art Energie, ein Kraftreservoir gemeint, das – wenn es gut gefüllt ist – dafür sorgt, daß jemand aktiv ist, auch Widerständen trotzt, flexibel auf neue Situationen reagieren kann, nicht schnell aufgibt und andere begeistert mitreißt. Auch dieser Begriff ist durch mehrere Merkmale gekennzeichnet:

- Arbeitsmotivation (Konstantbleiben der Arbeitsleistung auch bei komplexen Aufgaben, anstehende Arbeiten selbständig schnell erledigen, kurzfristige Veränderungen akzeptieren und verarbeiten)
- Führungsmotivation (Aufnahme und Organisation von Führungsrollen, Initiativen zur Durchführung eines Interessenausgleichs im Mitarbeiterbereich, Konzentration mehr auf die Arbeitsergebnisse als auf den Arbeitsprozeß)
- Autonomie (selbständiges Arbeiten ohne Anweisungsbedarf, eigenständige Formulierung neuer Aufgaben und Ziele, Streben nach verbesserten Arbeitsergebnissen, Bereitschaft, Neues zu erkunden und zu erlernen)
- Durchsetzungsvermögen (Ziele nicht aus dem Auge verlieren, eigenen Standpunkt auch gegen Widerstände durchsetzen, Konkurrenzsituationen nicht ausweichen, insgesamt stark zielorientiertes Vorgehen)
- Selbstvertrauen (bei Rückschlägen nicht aufgeben, sich von Fakten und Sachverhalten, nicht von der Persönlichkeit anderer beeinflussen lassen, erfolgsorientiertes und -sicheres Denken und Fühlen)

22 Was zählt zur Kategorie Ausdrucksfähigkeit?

Ausdrucksfähigkeit umschreibt die Kompetenz, sich mündlich und schriftlich mitzuteilen. Nicht nur Wortwahl, Stimme, Lautstärke sind entscheidend, auch die Fähigkeit, durch überzeugende Argumente andere für sich einzunehmen. Ausdrucksfähigkeit ist durch folgendes gekennzeichnet:

- Mündliches und schriftliches Darstellungsvermögen (klare, verständliche Sprache, flüssige Formulierung, akustisch gut zu verstehen, stilsichere Sprachgewandtheit im Schriftlichen)
- Rhetorische Fähigkeiten (argumentative Überzeugungskraft)

23 Warum ist schauspielerisches Talent beim Assessment Center von Vorteil?

Weil es im Assessment Center nicht nur darum geht, was Sie können, sondern vor allem, wie Sie sich und Ihre Fähigkeiten darstellen. Manch einem wird richtig mulmig, wenn er darüber nachdenkt, unter Umständen mehrere Tage mit vielen anderen Bewerbern um einen Arbeitsplatz zu kämpfen. Besser als die anderen zu sein, das kann einen ganz schön unter Druck setzen. Dabei kommt es aber nicht unbedingt darauf an, wirklich besser zu sein, sondern, sich gut verkaufen zu können. Gekonnte Selbstdarstellung, insbesondere Sympathiemobilisierung bringt Punkte. Das heißt, beim AC sind besonders Ihre schauspielerischen, Ihre selbstdarstellerischen Fähigkeiten gefragt.

Natürlich ist zu bedenken, wie weit Sie überhaupt mitspielen wollen. Denn eines ist klar: Bei einer Bewerbung handelt es sich immer um eine Anpassungsleistung. Doch das Ziel kann sicher nicht Anpassung um jeden Preis sein. Was nützt es Ihnen, den Beobachtern etwas vorzuspielen, das wenig mit Ihren eigentlichen Charaktereigenschaften gemein hat? Das wäre mit Sicherheit keine gute Voraussetzung für den Beginn am Arbeitsplatz. Überlegen Sie sich also genau, wie weit Sie sich anpassen und ab welchem Punkt Sie sich regelrecht »verbiegen« müßten, um ins Konzept des Arbeitsplatzanbieters zu passen. Die Beobachter legen Augenmerk auf folgendes:

A. Soziale Prozesse wie

Kooperationsfähigkeit
Kontaktfähigkeit
Konfliktfähigkeit
Sensibilität
Integrationsvermögen
Selbstkontrolle
Informationsverhalten

B. *Systematisches Denken und Handeln wie*

abstraktes und analytisches Denken
kombinatorisches Denken
Entscheidungsfähigkeit
Planungs- und Kontrollfähigkeiten
arbeitsorganisatorische Kompetenz

C. *Aktivität wie*

Arbeitsmotivation, Arbeitsantrieb, Initiative
Führungsmotivation und Führungsantrieb
Durchsetzungsvermögen
Selbständigkeit/Unabhängigkeit
Selbstvertrauen
Ausdauer/Belastbarkeit
Streßtoleranz

D. *Ausdrucksvermögen wie*

schriftliche und mündliche Kommunikationsfähigkeit
Flexibilität
Überzeugungsfähigkeit

24 Worauf kommt es bei der Gruppendiskussion an?

Bei der Gruppendiskussion geht es darum, im direkten Vergleich zu den Mitbewerbern gut abzuschneiden. Ausnahmen bestätigen auch hier die Regel, wenn es nämlich um ein Einzel-AC geht und die Gruppe von Mitbewerbern zum Diskutieren fehlt. In diesem Fall sind es dann die AC-Beobachter, mit denen Sie als Kandidat etwas diskutieren müssen. Wichtig zu unterscheiden: Es gibt Diskussionsrunden mit und ohne Rollenvorgabe.

Als Disziplin »Jeder gegen jeden« könnte man etwas salopp die Gruppendiskussion, den klassischen Standardbaustein eines jeden AC, bezeichnen. Die Gruppengröße schwankt zwischen vier, sechs und mehr Teilnehmern, oftmals wird eine größere Bewerbergruppe für diese Übung aufgeteilt. Zwei bis drei AC-Beobachter, die während der Diskussion die Teilnehmer »observieren« und sich Notizen machen, sind die Regel, mehr oder weniger Beobachter dagegen eher selten, aber auch das kommt vor.

Wichtigste Empfehlung für die Gruppendiskussion: Spielen Sie nicht den »stummen Fisch«, aber auch nicht den eloquenten, narzißtischen Vielquatscher. Wenn es, bezogen auf Ihre Beiträge, so etwas wie eine Dreier-Einteilung gibt, sind Sie am Ende des ersten Drittels gut plaziert.

25 Welche Formen der Gruppendiskussion gibt es?

Es lassen sich grob drei Formen unterscheiden:

1. Diskussion eines (eher globalen) Themas mit oder ohne Zielvorgabe:

Hier besteht die Aufgabe darin, ein vom Auswahlgremium vorgegebenes oder frei zu wählendes Thema in einer Runde von Mitbewerbern gemeinsam zu diskutieren. Bisweilen wird ein Ergebnis gefordert (Stellungnahme, Konsens). Möglich ist auch, daß die Gruppe die Aufgabe bekommt, sich unter zehn Themen auf eins zu einigen, um dieses dann anschließend zu diskutieren. Bereits der Auswahlprozeß durch die Gruppenmitglieder, der erfahrungsgemäß nicht leicht vonstatten geht, ist wichtiger Bestandteil der Beobachtung und Beurteilung. Wer hier eine von den anderen Gruppenmitgliedern akzeptierte Führungsrolle übernehmen kann, steht natürlich bei weitem besser da als der graue Mitläufer oder der ewig nörgelnde Neinsager.

Häufig werden vor den Gruppendiskussionen die Kandidaten aufgefordert, schriftlich ihre Vorabeinschätzung festzuhalten. Zweck dieser Übung ist es, die individuellen Standpunkte/Beurteilungen »festzuschreiben«, um hinterher von Seiten der AC-Beobachter, einen Vergleich vornehmen zu können, inwieweit die individuelle Einschätzung von der der Gruppenbeurteilung abweicht und wie leicht/schwer man sich gegebenenfalls bei der Anpassung tut.

2. Diskussion einer speziellen Problemstellung (häufig aus dem BWL-Bereich) in Form eines sogenannten Unternehmensplanspiels:

Die Aufgabe ist, gemeinsam einen konkreten Handlungsplan zu entwickeln. Bei den Unternehmensplanspielen geht es um eine konkrete betriebswirtschaftliche Aufgabenstellung, die auf der Grundlage von schriftlichem Informationsmaterial innerhalb der AC-Gruppe zu diskutieren ist. Fiktive unternehmerische Rahmenbedingungen sind vorgegeben und Entscheidungen auf organisatorischer Ebene gefordert. Gerade bei den Unternehmensplanspielen ist ein Ergebnis nur durch konsequentes Miteinbeziehen aller Mitspieler erfolgreich, weil es möglich sein kann, daß jedem Teilnehmer unterschiedliche Informationen z.B. auf Extra-Kärtchen zur Verfügung stehen und alle einzelnen auf den Karten vermerkten Infos erst im Austausch der Teilnehmer untereinander Sinn ergeben. Sorgen Sie also dafür, daß alle Informationen jedem Teilnehmer zugänglich gemacht werden. Vielleicht können Sie bereitgestellte Medien dazu nutzen, oder Sie verteilen solche Kärtchen sichtbar für alle an der Wand, auf dem Boden etc.

3. Diskussion eines vorgegebenen Themas, bei der die AC-Teilnehmer eine bestimmte Rolle bzw. Position zu vertreten haben:

Jedem Teilnehmer ist ein Standpunkt vorgegeben. Er erhält vorab eine »Regieanweisung« und hat als Diskussionsteilnehmer ausschließlich diese Rolle, also den vorgegebenen speziellen Standpunkt zu vertreten.

26 Gibt es typische Gruppendiskussionsthemen?

Der Phantasie sind hier (fast) keine Grenzen gesetzt. Die Palette reicht von berufsbezogenen Themen über Inhalte aus den Bereichen Politik, Umwelt, Wirtschaft, Zeitgeschehen bis hin zum privaten, persönlichen Bereich.

Beispiele für Gruppendiskussionen eines globalen Themas:

Pro oder kontra Todesstrafe, Rauchverbot am Arbeitsplatz, Frauenquote, Benzinpreiserhöhung, Umweltschutz oder Arbeitsplatzsicherung – was hat Vorrang?

Folgendes Thema ist ganz typisch für ein Unternehmensplanspiel:

Die AC-Teilnehmer gehören zu einer fiktiven Firma, die sich einen guten Ruf durch die Herstellung von Mittelklassefahrrädern erworben hat. Um den Fortbestand der Firma zu sichern, muß man sich entscheiden, entweder qualitativ wertvolle, aber teure Fahrräder zu produzieren oder auf eine Billig- und Massenproduktion umzustellen. Dazu gibt es schriftliches Hintergrundinformationsmaterial, Marktforschungsanalysen etc.

Klassisches Beispiel für eine Gruppendiskussion mit vorgegebenem Thema und Rolle: Jeder Diskutant bekommt auf einem Regiezettel mitgeteilt, daß er Außendienstvertreter einer Versicherungsgesellschaft ist. Für seine Arbeit steht ihm ein Dienstwagen zur Verfügung. Der eine AC-Teilnehmer – jetzt in der Rolle eines (Interessen-)Vertreters – hat einen relativ großen Wagen, obwohl er hauptsächlich in der Stadt arbeitet und die

Parkplatznot kennt. Der andere hat ein schon recht altes und sehr häufig störanfälliges Modell, ist aber ein recht erfolgreicher Vertreter, ein dritter hat einen zu kleinen Dienst-PKW, obwohl er häufig mit mehreren Auszubildenden geschäftlich unterwegs ist usw. Jeder Teilnehmer ist also mit einer »Legende« ausgestattet, mit Pro- aber auch Kontra-Argumenten bezüglich seiner Tätigkeit, in Relation zu seinem zur Verfügung stehenden Dienstfahrzeug.

Das zu diskutierende Problem: Ein nagelneues kleines BMW-Sportcabriolet wird von der Geschäftsleitung zur Verfügung gestellt. Wer aber von den Vertretern (AC-Diskutanten) soll ihn bekommen, hat ihn sich verdient?

Die AC-Diskutanten sollen eine gemeinsame, gerechte Lösung herbeiführen. Und das, obwohl doch jeder – so seine Rollenvorgabe – den neuen Dienstwagen für sich beansprucht. Es ist vorprogrammiert, daß sich hier eine heiße Auseinandersetzung anbahnt.

27 Wie bekommt man eine Gruppendiskussion in den Griff?

Nicht selten kommt eine Diskussion nur schleppend in Gang, weil keiner vorpreschen möchte oder das Thema so unumstritten ist, daß sich nur schwer unterschiedliche Positionen finden lassen. Das macht die Sache nicht gerade einfach, kann aber andererseits für Sie auch eine Chance sein: Wenn Sie versuchen, Struktur in die Diskussion zu bringen und damit einen konstruktiven Beitrag für den Argumentationsaustausch zu liefern, können Sie Pluspunkte sammeln. Gehen Sie systematisch und schrittweise vor:

1. Schritt: Orientierung

Jeder Versuch, sich bereits im Anfangsstadium auf ein Diskussionsziel zu einigen, dürfte zu erheblichen Problemen führen. Zu Beginn empfiehlt es sich daher, eine Einschätzung vorzunehmen, in welchem Ausmaß das zu bearbeitende Thema von subjektiven Werthaltungen und emotional begründeten Einstellungen beeinflußt wird. Eine sinnvolle AC-Strategie kann gerade zu Beginn einer Gruppendiskussion auch darin bestehen, das Thema durch Fragen griffiger zu machen. Mögliche »Eisbrecher-Fragen« sind u.a.: Wie sieht jeder einzelne in der Gruppe die Problematik (Kurzumfrage/Meinungsbild)? Wo sind die Meinungs-Schwerpunkte? Wo gibt es Gemeinsames/Trennendes?

2. Schritt: Zielsetzung

Machen Sie sich davon frei, ein Thema bis in alle Facetten durchdiskutieren und am Ende mit einem perfekten, für alle Gruppenmitglieder zufriedenstellenden Ergebnis aufwarten zu können. Das ist schon angesichts der knappen Zeit so gut wie unmöglich. Wenn Sie dies noch einmal vor der Gruppe verdeutlichen, trägt es oft dazu bei, von allen etwas Druck zu nehmen und das Miteinander zu fördern. Mit Fragen (z.B.: »Welche Diskussionsziele sind in der Kürze der Zeit realisierbar? Kann das Thema eingegrenzt werden und ist das hilfreich?«) kann man unter Umständen einen Konsens schaffen, der der Gruppe behilflich ist, in der knappen zur Verfügung stehenden Zeit ein Optimum und damit einen Etappensieg zu erreichen.

3. Schritt: Lösungsweg

Mit den richtigen Fragen kommt man oft am besten voran: Fragen Sie doch die anderen Teilnehmer, wie man ihrer Meinung nach am besten zu einem Ergebnis kommt oder welche Möglichkeiten sich anbieten und was davon am erfolgsversprechendsten ist. Diese Fragen können helfen, daß alle in dieselbe Richtung (wenn auch mit unterschiedlichen Ergebnissen) denken und Sie ganz nebenbei von den Assessoren Pluspunkte erhalten für Ihren Versuch, Struktur ins Gespräch zu bringen.

Bei aller Hoffnung auf das eigene gute Abschneiden dürfen Sie aber die anderen nicht vergessen. Versuchen Sie, möglichst viele Gruppenmitglieder aktiv in die Bearbeitung des Themas zu integrieren und auch passivere Teilnehmer zum Mitdiskutieren zu ermuntern. Stellen Sie Ihre Kooperationsfähigkeit innerhalb einer Gruppe unter Beweis, indem Sie Ideen und Anregungen anderer aufgreifen und weiterentwickeln.

4. Schritt: Ergebnisprüfung

Im Verlauf des Gesprächs (nicht erst gegen Ende) können Sie zur Ergebnisprüfung aufrufen: Fragen Sie in die Runde, wie weit man mit der Bearbeitung des Themas gekommen ist (Meinungsbild/Schwerpunkte). Was kann zusammenfassend zum jetzigen Zeitpunkt ausgesagt werden? Kann man ein Resümee ziehen? Diese Fragen sind hilfreich, um Ihnen und der Gruppe von Zeit zu Zeit zu helfen, das Hauptziel im Auge zu behalten, ergebnisorientiert vorzugehen und damit eine gute Figur im AC-Spiel zu machen.

Nicht selten ist das Diskussionsthema so komplex, daß das erforderte gemeinsame Ergebnis, z.B. ein Gruppenkonsens, in der Kürze der vorgegebenen Zeit nicht zu erreichen ist. Dies führt häufig zu einer aggressiv-gereizten Stimmung, weil die Diskutanten sich unter einem enormen Leistungsdruck fühlen und entsprechende Versagensängste entwickeln. Lassen Sie sich nicht mitreißen. Denn dieser zum Teil bewußt erzeugte Streß ist für die AC-Beobachter ein willkommener Prüfstein, der auf ihren Checklisten unter verschiedenen Überschriften entsprechend benotet wird. Das bedeutet: Wer als AC-Kandidat in spürbare Aufregung gerät, sammelt Minuspunkte.

Bisweilen wird jeder Kandidat später im weiteren Verlauf des AC, z.B. im Einzelinterview, gefragt, wie er die Diskussionsrunde erlebt hat, wie er seinen eigenen Part, aber auch den der anderen einschätzt. Mit Fragen wie »Wer hat in der Diskussion geführt?« oder »Wer hat am wenigsten zum Ergebnis beigetragen?«, sollen die AC-Kandidaten zum Hilfs-AC-Beurteiler gemacht werden: Wenn z.B. alle AC-Teilnehmer in einer Gruppe ein bis zwei Mitglieder positiv erlebt haben bzw. ein Teilnehmer immer negativ eingeschätzt wird, bleibt dies für die genannten Personen nicht ohne Konsequenzen.

Mit scheinbar harmlosen Fragen wie »Mit wem aus der Gruppe würden Sie gerne einen gemeinsamen Urlaub planen?« soll ein Soziogramm erstellt werden. Das heißt, die auf die Teilnehmer entfallenden oder von ihnen ausgehenden positiven und negativen Wahlen werden in einer Graphik festgehalten und sollen ein deutlicheres Bild über die Eigenschaften des jeweiligen Kandidaten geben.

28 Wie schneidet man in der Gruppendiskussion gut ab?

Lassen Sie sich von dem harmlosen Begriff Gruppendiskussion nicht blenden. Hier handelt es sich um eine ganz spezielle mündliche Testsituation, die hohe Konzentration erfordert. Anders als häufig angenommen wird am Ende von den Beobachtern weniger das Ergebnis der Diskussion beurteilt, sondern wie es zustande gekommen ist. Im Mittelpunkt des Beobachter-Interesses steht also die Interaktion, insbesondere Ihr Sozialverhalten. Außerdem geht es um Ihr sprachliches Ausdrucksvermögen.

Hier eine Übersicht über die generellen Beobachtungs- und Beurteilungskriterien bei Gruppendiskussionen, d.h. worauf die Beobachter ihr Augenmerk legen:

1. Die Erfassung und Steuerung sozialer Prozesse
   - Kontaktfähigkeit (Aktives Zugehen auf andere)
   - Einfühlungsvermögen (Erkennen/Berücksichtigung von Bedürfnissen/Gefühlen anderer)
   - Integrationsfähigkeit (Fähigkeit zur Konfliktanalyse und -lösung, Bündelung divergierender Interessen auf ein Ziel hin)
   - Kooperationsfähigkeit (kein Dominanzstreben auf Kosten anderer, Verzicht auf Druck- und Machtmittel)
   - Informationspolitik (Weitergabe von Informationen, Zuhörfähigkeit)
   - Selbstdisziplin (moderat-freundlicher Umgang mit anderen, auf Angriffe angemessen reagieren)

2. Der Ansatz systematischen Denkens und Handelns
   - Kombinationsfähigkeit im Denken (Übernahme/Verarbeitung von Informationen/Denkstilen anderer, die Fähigkeit, Alternativen zu entwickeln)

- Entscheidungsfähigkeit (Entwicklung und Beurteilung von Alternativvorschlägen, angemessene Entscheidungsfreudigkeit/kein Abschieben, Reflexion der Entscheidungskonsequenzen)

3. Das erkennbare Aktivitätspotential

- Führungspotential/-motivation (Anstreben einer Führungsposition/-rolle, Initiativen zur Strukturierung/Koordination sozialer Prozesse)
- Selbstwertgefühl (positiv und erfolgsorientiert, angemessene Selbstsicherheit)
- Durchsetzungsvermögen (Zielstrebigkeit, Beharrlichkeit)

4. Die Ausdrucksmöglichkeiten

- Mündliche/schriftliche Formulierungsfähigkeiten (flüssige/unmißverständliche Ausdrucksfähigkeit)
- Überzeugungskraft (Vorschläge/Ziele/Methoden werden von anderen übernommen, Argumentation erzeugt bei anderen keinen Widerstand, Flexibilität in Ausdruck/Argumentation)

Optimal wäre es, wenn Sie graphische Hilfs- und Darstellungsmittel (Flipchart usw.) einsetzen, um das Vereinbarte evident zu machen.

Das gilt übrigens für sämtliche Diskussions- und Präsentationsübungen im AC: Wenn Ihnen Medien wie Overheadprojektor, Flipchart, Tafel etc. angeboten werden, nutzen Sie diese unbedingt! So können Sie Ihren Vortrag noch anschaulicher gestalten. In der Gruppendiskussion könnten Sie z.B. Ihre Dienste anbieten, um nach vorn zu gehen und die wichtigsten Punkte zu notieren. Aber Vorsicht: Fragen Sie vorher die anderen, ob es ihnen recht ist. Sonst sieht es so aus, als wollten Sie sich zu sehr in den Vordergrund drängen. Und das sehen auch die Assessoren gar nicht gern ...

Pluspunkte sammeln Sie in der Gruppendiskussion, wenn Sie folgende Verhaltensregeln beachten:

- den jeweiligen Sprecher anschauen
- deutliche Aufmerksamkeit signalisieren
- stets kontrollierte Reaktionen
- gedämpftes (angemessenes) Engagement
- deutlich und ruhig sprechen
- freundliches Interesse zeigen
- sachliche, weitestgehend affektfreie Argumentation; alles vermeiden, was die Gesprächsharmonie unnötig stören könnte
- auf Argumente eingehen und sie konstruktiv weiterentwickeln
- sich nicht in den Vordergrund spielen
- sich nicht zu sehr zurück- und raushalten
- kein Sarkasmus, keine Ironie, keine Herabsetzung
- auf ausgeglichene Rollenverteilung achten (z.B. nicht bei allen Themen Kontra-Beiträge – Gefahr, als Nörgler/Miesmacher aufzutreten
- die aufgeworfenen Fragen auch mal loben (»wichtig/bemerkenswert« und ähnliche Prädikate)
- Mängel offen zugeben (»Sie sind da auf einen heiklen Punkt aufmerksam geworden!«)
- Bedenken Sie: Sie müssen nicht immer alles (besser) wissen und ständig versuchen, Patentrezepte und -lösungen »aus dem Hut zu zaubern«.
- auch mal die eigene Meinung zur Diskussion stellen (»Mich würde interessieren, was Sie darüber denken!« u.ä.)

29 Was tun mit Vielrednern, Störern und Redemuffeln?

Jeder will den Job (oder Aufstieg) und damit im AC besonders gut abschneiden. Deshalb kann es trotz aller Strukturierungsversuche zu Konflikten und Auseinandersetzungen unter den Teilnehmern in einer AC-Gruppendiskussion kommen. Das ist letztlich von den Assessoren auch so intendiert. Denn an der Art und Weise, wie Sie diese Situation bewältigen, sollen Sie ja gemessen werden.

So kann es passieren, daß die Diskussion ängstlich verkrampft dahinplätschert, die Diskutanten übereinander herfallen, sich richtig bekämpfen, monologisieren oder, was sehr viel häufiger passiert, daß die Gruppenmitglieder aneinander vorbeireden und nicht in der Lage sind, eine wirkliche Auseinandersetzung zu führen oder auch einen Beitrag eines anderen aufzugreifen und weiterzuentwickeln.

Ihre Strategie in einer derartigen Situation: Bleiben Sie ruhig und gelassen, auf keinen Fall mitreißen, provozieren lassen, geschweige denn das egozentrische Verhalten Ihres Mit-Gesprächs-»Partners« kritisieren. Das überlassen Sie besser den AC-Beobachtern.

Wenn aber ein Vielschwätzer gar kein Ende findet oder, weil er sich in dem Thema gerade auskennt, den Rest der Gruppe mit Fachausdrücken zu erschlagen droht, können Sie auch »dazwischenfunken«. Natürlich auf freundliche Art und Weise, z.B.: »Entschuldigung, darf ich Sie unterbrechen? Ich würde gern wissen, ob die Gruppe das auch so sieht?«

Möchte einer der Teilnehmer Sie durch direkte oder indirekte Angriffe verunsichern, sollte Ihre Gegenstrategie lauten: Hervorheben der Partnerrolle, Gemeinsamkeiten der Situation unterstreichen, auf das sachliche Thema zurückleiten, nicht provozieren lassen, bei anderen Unterstützung suchen.

Es macht auch nichts, wenn Sie – falls es sich nicht gerade um für den Beruf nötiges Grundwissen handelt – ganz offen bekennen, daß sie etwas nicht verstehen. Schließlich ist niemand allwissend. Sagen Sie einfach: »Können Sie mir das erklären, damit ich auch mitreden kann.« Oft zeigt sich dann, daß derjenige, der vorher so großspurig mit Begriffen umgegangen ist, doch so manche Erklärungsnot hat.

Außerdem können Sie mit einer solch offenen Frage der Peinlichkeit entgehen, plötzlich von jemandem aus der Runde zu Ihrer Meinung aufgefordert zu werden. Wenn Sie dann nichts sagen können, macht sich das nicht gerade gut.

Sollten Sie ständig von einem Kandidaten unterbrochen werden, ist ein Hinweis in Richtung »Lassen Sie mich doch bitte ausreden« durchaus angemessen. Reden Sie ruhig weiter und lassen Sie sich nicht in den Hintergrund drängen oder gar entmutigen.

Stoßen Sie auf diametral entgegengesetzte Standpunkte, sind Diplomatie und Flexibilität gefragt, ohne den eigenen Standpunkt zu »verraten«. Mit Hilfe geschickt formulierter Fragen kann es Ihnen gelingen, die Schärfe aus der Konfrontation herauszunehmen.

30 Welches sind die wichtigsten Regeln für die Gesprächsführung?

1. Aktives Zuhören

Vermeiden Sie es, Ihren Standpunkt als erster ausführlich darzulegen und auf alle Äußerungen der anderen Diskussionsteilnehmer spontan mit einer Gegenrede (Angriff/Verteidigung) zu reagieren. Besser: Vermitteln Sie Ihren Gesprächspartnern durch Ihre geduldige Bereitschaft, zuzuhören, das Gefühl, ernstgenommen zu werden. Der häufigste Fehler in Diskussionen ist die Unfähigkeit, einander wirklich zuzuhören. Zugegeben: Zuhören ist anstrengend, aber eine essentielle Grundvoraussetzung.

2. So klar und deutlich wie möglich kommunizieren

Je klarer und konkreter Sie miteinander kommunizieren, desto wahrscheinlicher ist es, zu einem konstruktiven Ergebnis zu kommen. Anlaß für viele Mißverständnisse in Gesprächen sind schwammige und wenig konkrete Aussagen, die ein Richtigverstanden-werden verhindern, sogar häufig Anlaß für neuen Konfliktstoff sind. Fragen Sie nach, ob Sie richtig verstanden haben, und ob auch Sie richtig verstanden wurden.

3. Motive und Ziele verdeutlichen

Wichtig ist nicht nur, daß Sie Ihren Standpunkt möglichst deutlich darstellen, sondern auch Ihre Motive, Ziele und auch Gefühle, weshalb Sie eine bestimmte Haltung einnehmen. Gelingt es Ihnen, Ihre Beweg- und Hintergründe, die für Sie eine wichtige Rolle spielen, zu verdeutlichen, gewinnt auch Ihr Standpunkt an Klarheit. Außerdem können die anderen eher darauf reagieren und sind nicht auf Vermutungen angewiesen. Erreicht werden soll ein besseres Verständnis für einen Standpunkt, für Vorschläge oder Forderungen etc. Das ist Voraussetzung für eine angemessene Beurteilung und kann einem Anliegen bzw. einer Sache eigentlich nur nützlich sein.

4. Argumente geschickt einsetzen

Verschießen Sie Ihr Pulver, d.h. Ihre Argumente, nicht zu früh. Eines sollten Sie für alle Fälle immer noch parat haben. Bringen Sie das beste Argument am Schluß, das zweitbeste am Anfang. Und bedenken Sie, daß die Mitdiskutanten sich sehr wahrscheinlich auf das schwächste Argument konzentrieren werden. Um richtig zu argumentieren, bietet sich die Fünfsatz-Technik an. Sie leistet nützliche Dienste, wenn Sie Ihre Statements situativ und hörerbezogen vortragen.

1. Benennen Sie klar und kurz Ihren Standpunkt:
   »Ich bin davon überzeugt, daß ...«
2. Präsentieren Sie Ihre Argumente:
   »Meine Erfahrungen sind ...«
3. Untermauern Sie diese durch Beispiele oder Beweise:
   »Ich habe mit Erfolg z.B. ... Als Nachweis für ... kann ich anführen ...« usw.
4. Begegnen Sie möglichen Einwänden, bzw. kommen Sie ihnen zuvor:
   »Sie werden jetzt denken ... Ich versichere Ihnen ...«
5. Ziehen Sie das Fazit:
   »Aus diesen Gründen (1. ..., 2. ..., 3. ...) plädiere ich für ...«

31 Was ist zu tun, wenn man die Diskussionsleitung übernehmen soll?

Wir empfehlen folgende Strategie:

1. Einleitung

Hinführung zum Thema; allgemeine Problemskizze entwickeln; versuchen, sich auf einen oder zwei Themenaspekte festzulegen (»Darf ich Ihr Einverständnis voraussetzen, wenn wir ...?«)

Delegation der Gesprächskompetenz

a) Frage als Diskussionsanreiz:

»Wie ist Ihre Erfahrung?«

»Was sollte geschehen?«

»Welche Möglichkeiten sehen Sie ...?«

b) These zur Diskussion stellen, eventuell in Frageform:

»Sind Sie auch der Ansicht, daß ...?«

2. Verlaufsregelung

Versuchen, Beiträge in einer prägnanten Aussage zusammenzufassen und als These weiterzugeben; eventuell Zielfrage anfügen: »Wollen wir uns auf diesen Punkt konzentrieren?«/»Ist es nicht wirklich besser, wenn wir ...?«

Möglichst keine Parteinahme; sich widersprechende Beiträge als Widersprüche stehenlassen; alle Beiträge und Positionen sind »interessant«/»überlegenswert«/»nachdenkenswert« usw.

Ausgeglichene Rollenverteilung herstellen, auch stillere Diskussionsteilnehmer einbeziehen.

Sich einschalten, wenn »Schockpausen« eintreten (Differenzierung, Hervorheben des Positiven etc.).

Häufig positiv verstärken (»Ein interessanter Gesichtspunkt«/»Das scheint mir ein außerordentlich wichtiger Aspekt«/»Gut, daß Sie darauf eingehen!« etc.).
Deutliches Interesse für die Beiträge zeigen (»Ich habe auch schon überlegt, ob möglicherweise ...«/»Ich glaube, es lohnt sich ganz gewiß, noch mehr darüber zu wissen/zu sagen/nachzudenken« etc.).

3. ***Ausklang***

Vorschlag: »Vielen Dank für Ihre Diskussionsbeiträge, die ich persönlich sehr interessant fand. Sie haben uns die Vielschichtigkeit des Themas X deutlich gemacht, auch wenn einige wichtige Aspekte wegen der Kürze der Zeit nicht ausreichend behandelt werden konnten.«

32 Wie wird das Rollenspiel im Assessment Center (AC) eingesetzt?

Das Rollenspiel ist eine Art Mini-Diskussionsgruppe. Personalchef, Vorgesetzter, Geschäftsführer, Teamleiter – das sind die typischen Rollen, in die AC-Kandidaten meist schlüpfen sollen.

In der Regel geht es dabei um ein simuliertes Gespräch zwischen AC-Prüfling und meistens einem AC-Beobachter (oder Moderator), der aktiv den Part der zweiten Rolle übernimmt. Seltener sind Rollenspiele zwischen zwei AC-Prüflingen.

Für dieses Stegreif-Theater-Rollenspiel hat man zwischen 10 und 30 Minuten Zeit. Vorher steht eine meist als zu knapp empfundene Vorbereitungszeit (etwa 5 bis 15 Minuten) zur Verfügung, in der sich der AC-Prüfling mit einer schriftlichen Rollen- und Situationsbeschreibung vertraut macht.

Im Rollenspiel wird versucht, betriebliche Interaktionen zu simulieren. Typisch sind Konfliktgespräche zwischen Vorgesetztem und Mitarbeiter (Stichworte: Kündigung, schlechte Leistung, sonstige Kritik, Unangenehmes).

Die Rolle, in die Sie schlüpfen müssen, ist weder leicht noch angenehm, auch dürfen Sie nicht mit allzuviel Entgegenkommen bei Ihrem Rollenspielpartner rechnen. Denn das ist dessen Geschäft, seine Rolle sieht eben vor, Ihnen das Leben schwer zu machen.

33 Worauf kommt es beim Rollenspiel an?

Im AC-Rollenspiel ist auf ähnliche Anforderungsmerkmale wie bei der Gruppendiskussion zu achten:

1. ***Die Erfassung und Steuerung sozialer Prozesse***

- Einfühlungsvermögen (Erkennen/Berücksichtigen von Bedürfnissen/Gefühlen anderer)
- Kontaktfähigkeit (Beratung anbieten, Vertrauen entgegenbringen)
- Kooperationsfähigkeit (anderen aus Schwierigkeiten heraushelfen, kein Dominanzstreben auf Kosten anderer, Verzicht auf Druck- und Machtmittel)
- Informationspolitik (Zuhörfähigkeit)
- Selbstdisziplin (auf Angriffe angemessen, reagieren, moderat-freundlicher Umgang mit anderen)

2. ***Das Erkennenlassen systematischen Denkens und Handelns***

- Arbeitsorganisation (Überblick verschaffen)
- Entscheidungsfähigkeit (Suchen/Verwerten von allen verfügbaren Informationen, Entwicklung und Beurteilung von Alternativvorschlägen, angemessene Entscheidungsfreudigkeit/kein Aufschieben, Reflexion der Entscheidungskonsequenzen)
- Planung und Kontrolle (Arbeitsziele setzen)

3. ***Das erkennbare Aktivitätspotential***

- Führungspotential/-motivation (Initiativen zur Strukturierung/Koordination sozialer Prozesse)
- Arbeitsantrieb/-motivation (schnelles Erledigen anstehender Arbeiten/Probleme)
- Selbständigkeit (erkennbares Bemühen um Optimierung eigener Arbeitsergebnisse)

- Selbstwertgefühl (positiv und erfolgsorientiert, angemessene Selbstsicherheit, Durchhaltevermögen auch bei Rückschlägen)
- Durchsetzungsvermögen (Zielstrebigkeit, Durchsetzungsbeharrlichkeit)

4. Die Ausdrucksmöglichkeiten

- Flexibilität (rhetorische Fähigkeiten/Argumentationstechnik)
- Überzeugungskraft (Vorschläge/Ziele/Methoden werden von anderen übernommen, Argumentation erzeugt bei anderen keinen Widerstand, Flexibilität in Ausdruck/Argumentation, Führungsrolle wird anerkannt)

Die soziale Kompetenz ist auch hier wieder der Schlüsselbegriff, um den sich alles dreht. Gefragt sind im wesentlichen Kontaktfähigkeit, Einfühlungsvermögen und Verhandlungsgeschick, gepaart mit einer Mischung aus Überzeugungskraft und Durchsetzungsvermögen.

34 Welche Rollenspielsituationen können auf den AC-Teilnehmer zukommen?

Typische Rollenspiele sind simulierte betriebliche Situationen, z.B. das Konfliktgespräch zwischen Vorgesetztem und Mitarbeiter. Es geht dann um Kündigung, schlechte Leistung, sonstige Kritik, Mobbing etc. (s.a. Frage 32).

So wird man beispielsweise als Bewerber zum Vorgesetzten ernannt, der mit dem Mitarbeiter Meier ein ernstes Wörtchen zu reden hat. Denn dessen Leistungen am Arbeitsplatz lassen merklich nach – offensichtlich eine Folge seiner Alkohol- und Eheprobleme. Hinzu kommt, daß sein Kind gerade tödlich verunglückt ist. Keine einfache Ausgangsbasis also für das Gespräch mit ihm. Auch nicht gerade erleichternd wirkt der Umstand, daß seine Frau auch noch die Cousine des Vorstandsvorsitzenden ist ...

Nicht selten werden Verkaufs-, Überzeugungs- oder Motivationsgespräche abverlangt. Bei AC-Veranstaltern sehr beliebt ist auch das kritische Kundengespräch. So hat man es zum Beispiel mit einem wütenden Kunden zu tun, der sich bei Ihnen, dem Chef, über einen Mitarbeiter wegen schlechter, unfreundlicher Behandlung beklagt ...

35 Wie überzeugt man im Kritikgespräch, was sollte man unbedingt vermeiden?

Im Kritikgespräch geht es nicht um den Nachweis irgendeiner Schuld, sondern um die gemeinsame Vereinbarung, wie sich der Mitarbeiter in Zukunft verhalten sollte. Verfolgen Sie im Rollengespräch Ziele wie:

- die psycho-sozialen Ursachen von Leistungsversagen oder Fehlverhalten bei Ihrem Gesprächspartner zu erhellen,
- die Begründung Ihres Gegenübers für sein Verhalten zur Sprache zu bringen und ihm dabei gut zuzuhören,
- die Förderung der Einsicht Ihres Gegenübers, daß derartiges in Zukunft vermieden wird (Verhaltensänderung)
- das Erreichen einer Übereinkunft, daß zukünftig gemeinsam vereinbarte Ziele realisiert werden.

Im einzelnen ist für das Kritikgespräch zu beachten:

- Machen Sie sich zunächst klar, was Sie in dem Gespräch bewirken wollen (Ziel: Verhaltensänderung).
- Sorgen Sie für eine gute, sachlich-entspannte Gesprächsatmosphäre.
- Tragen Sie Ihre Kritikpunkte sachlich und wertfrei vor. Sie sollten dabei so konkret wie möglich sein (keine Pauschalierungen wie »Sie machen wohl in der letzten Zeit alles falsch«). Belegen Sie Ihre Ausführungen mit konkreten Beispielen.
- Berücksichtigen Sie die Gefühle Ihres Gegenübers. Machen Sie deutlich: Ihre Kritik gilt dem speziellen Verhalten und nicht der gesamten Person.

- Fordern Sie Ihren Gesprächspartner auf, Stellung zu nehmen, seine Sicht der Dinge darzustellen. Bitten Sie um Erklärungen.
- Rechnen Sie mit Aggressionen, Leugnen, Zweifel an Ihrer Kompetenz.
- Werden Sie nicht Ihrerseits aggressiv, drohen Sie nicht, vermeiden Sie Gegenattacken, einen Streit darüber, wer Recht hat. Um nicht sofort auf die Äußerung Ihres Gesprächspartners reagieren zu müssen, wenden Sie die Spiegel-Methode an, d.h. hören Sie genau zu, um möglichst viele Informationen zu bekommen und um gleichzeitig emotional entlastend zu wirken. Diese Technik bewahrt Sie davor, bereits in einer zu frühen Gesprächsphase in Widerspruch und in wenig konstruktive Auseinandersetzungen mit unserem Gesprächspartner verstrickt zu werden.
- Man erwartet nicht von Ihnen, daß Sie im Alleingang einen Lösungsvorschlag aus dem Hut zaubern. Viel besser ist es, wenn Sie zunächst Lösungsvorschläge von Ihrem Gesprächspartner erbitten (»Was schlagen Sie selbst vor: Wie können Sie die Probleme in den Griff kriegen?«). Entwickeln Sie dann gemeinsam Problembewältigungsstrategien (»Was halten Sie davon, wenn Sie in Zukunft ...«). Einigen Sie sich nach einer Bewertung der Vorschläge auf eine zukünftige Vorgehensweise.
- Fassen Sie den erarbeiteten Lösungsvorschlag abschließend zusammen (»Wir sind zu dem Ergebnis gekommen, ... Sie sind damit einverstanden, daß ...«).
- Lassen Sie das Gespräch mit einer positiven Bemerkung ausklingen, z.B.: »Ich freue mich, daß es uns gelungen ist, trotz aller Schwierigkeiten gemeinsam etwas erreicht zu haben.«

36 Wie leitet man aus dem Rollenspiel Führungsqualitäten ab?

Aus Ihrem gesamten Gesprächsverhalten versucht man, Rückschlüsse und Prognosen auf Ihr zukünftiges Führungspotential zu ziehen: Wie werden Sie einmal mit Mitarbeitern, für die Sie Personalverantwortung haben, umgehen? Zeigen Sie in diesem AC-Rollenspiel Ansätze einer Gesprächsstrategie, gelingt Ihnen eine Klärung? Wie geschickt sind Sie im verbalen Umgang mit anderen Menschen? Wie groß ist Ihre Empathie, d.h. wie gut können Sie sich in Ihr Gegenüber einfühlen? Sind Sie in der Lage, Verhaltenshintergründe zu erhellen und gemeinsame Lösungswege zu erarbeiten? Können Sie ein Verhandlungsergebnis vorweisen bzw. sind Sie in der Lage, am Ende des Gesprächs klare Vereinbarungen, gegebenenfalls Entscheidungen zu treffen?

Dazu wird genau geprüft, ob es Ihnen gelingt, die Hintergründe und Ursachen des Mitarbeiterproblems durch geschickte Gesprächsführung herauszufinden, und ob Sie auf der Grundlage dieser Informationen entsprechende Regelungen und Übereinkünfte mit dem »Sorgenkind« treffen können.

Besonders wichtig ist das sich üblicherweise anschließende Gespräch über Ihr Verhalten im Rollenspiel: Zeigen Sie, wenn Sie von den AC-Beobachtern kritisch hinterfragt werden, daß Sie bereit sind, Verantwortung zu übernehmen. Fallen Sie also nicht beim ersten Anflug von Kritik um, und geben Sie nicht gleich zu, daß alles ein großer Fehler war.

37 Welches sind die wichtigsten Regeln im AC-Rollenspiel?

Im Rollenspiel schneidet erfolgreich ab, wer die Grundregeln der Gesprächsführung beherrscht, als da wären:

1. Aktives Zuhören
2. Konkrete, klare Aussagen zum eigenen Standpunkt machen
3. Motive und Ziele der eigenen Argumentation verdeutlichen

Siehe dazu auch Frage 30 auf Seite 54f.

Beim Rollenspiel kommt es nicht auf Härte, sondern auf Feingefühl an, bei gleichzeitiger konsequenter Verfolgung des eigenen Gesprächsziels. Und dieses ist deutlich gefärbt durch Interessen des Unternehmens, das Sie im Rollengespräch zu vertreten haben.

38 Was verbirgt sich hinter der AC-Übung »Präsentation«?

Ob Sie die Aufgabe bekommen, als Moderator aufzutreten, ob Sie Unterlagen in Form einer Fallstudie bekommen, deren Lösung vorzustellen ist, oder ob Sie nach kurzer Vorbereitungszeit über ein gesellschaftspolitisches Thema einen Vortrag halten sollen – eines ist sicher: Wenn eine solche Aufgabe an Sie herangetragen wird, dann handelt es sich um den AC-Baustein Präsentation.

Erklärtes Ziel ist es, ein Thema in der Kürze der Zeit inhaltlich zu erfassen und den Zuhörern geschickt in einem mündlichen Vortrag zu vermitteln. Dabei geht es in der Regel um Standpunkte, die zu vertreten sind, oder um Überzeugungsarbeit, die von Ihnen geleistet werden muß. Manchmal wird dabei dem AC-Prüfling explizit die Rolle eines Unternehmensberaters abverlangt, um z.B. einem fiktiven Vorstandsgremium eines Unternehmens angemessene Aktionen vorzuschlagen.

Übrigens: Möglich ist auch, daß die Präsentationsaufgabe darin besteht, sich selbst vorzustellen. Entweder ganz frei, so daß Sie selbst entscheiden können, wie Sie was über sich erzählen wollen oder mit Vorgabe, z.B. »Stellen Sie uns Ihre drei größten Stärken und Schwächen vor«, »Die wichtigsten Stationen in Ihrem Lebenslauf« oder »Beschreiben Sie Ihren Lieblingsurlaubsort«.

39 Welche Anforderungen werden in der Präsentation gestellt?

Dieses AC-Spiel kann quasi aus dem Stand von Ihnen verlangt werden (mit einer Vorbereitungszeit von fünf bis zehn Minuten für einen drei- bis fünfminütigen Vortrag), oder mit abendlichen, mehrstündigem Aktenstudium vor dem Prüfungstag. Denkbar ist bei dieser zweiten Variante die zusätzliche Aufgabe, Ihren Vortragstext schriftlich auszuarbeiten (was nicht bedeutet, daß Sie dann einfach stur ablesen dürfen). Die AC-Beobachter konzentrieren sich auf das »Wie« Ihres Vortrags und nehmen die inhaltliche Beurteilung Ihres Referats später vor. Folgende Anforderungsmerkmale bringen Pluspunkte:

1. Die Erfassung und Steuerung sozialer Prozesse

- Einfühlungsvermögen Erkennen/Berücksichtigung von Bedürfnissen der Zuhörer
- Kooperationsfähigkeit (Aufgreifen und Weiterführung vorhandener Meinungen/Ideen)

2. Das Erkennenlassen systematischen Denkens und Handelns

- analytisches und abstraktes Denken (didaktisch sinnvoller und logischer Aufbau des Vortrags, Strukturierungsfähigkeit)
- Arbeitsorganisation (Einhalten von Zeitvorgaben, Belastbarkeit, Streßresistenz)
- Entscheidungsfähigkeit (Entwicklung und Beurteilung von Alternativkonzepten, Reflexion von Entscheidungskonsequenzen)
- Planung/Kontrolle (Formulierung von Zielvorstellungen)

3. Das erkennbare Aktivitätspotential

- Selbstwertgefühl (Ausstrahlung von positivem Denken und Erfolgsorientierung, angemessene Selbstsicherheit)
- Kreativität (Einfallsreichtum)
- Durchsetzungsvermögen (Erzielung von Aufmerksamkeit, Konzentration, Zielstrebigkeit)

4. Die Ausdrucksmöglichkeiten

- mündliche Formulierungsfähigkeiten
- flüssige/unmißverständliche Ausdrucksfähigkeit
- akustische Verstehbarkeit
- Überzeugungskraft (Plausibilität von Vorschlägen/Methoden/Zielen, Argumentation erzeugt keinen Widerstand)
- Flexibilität (Verwendung von plastischen Vergleichen/Bildern, Variabilität der Ausdrucksmöglichkeiten, didaktischer Einsatz von optischen Hilfsmitteln)

Bei dieser Übung geht es natürlich weniger um das zwischenmenschliche Verhalten, sondern mehr um Sprachgestaltung, Form, Ausdruck, Klarheit und Sicherheit, Ausstrahlung, Überzeugungskraft, und erst an letzter Stelle um Sachkompetenz. Das gilt vor allem für willkürliche, mit dem Arbeitsplatz kaum in Bezug zu setzende Ein-Wort-Themen wie »Der Glaube« oder Allerweltsthemen wie »Tempolimit pro/kontra«. Fachliche Kompetenz wird dann wichtiger, wenn es bei der Präsentation um Themen aus Ihrem zukünftigen Arbeitsgebiet geht.

40 Wie bereitet man die Präsentation am besten vor?

»Lassen Sie Ihren Gedanken freien Lauf«, könnte das Motto für den Beginn der Themenbearbeitung lauten. Mit anderen Worten: Es geht zunächst darum, Material zu sammeln. Notieren Sie alles – ruhig ungeordnet, aber weiträumig untereinander – was Ihnen zu dem vorgegebenen Thema einfällt.

Hilfreich sind ***Fragestellungen*** wie:

- Welchen Kernbegriff (keyword) enthält das Thema?
- Welche weiteren Begriffe stecken im Thema?
- Welche anderen Begriffe/Stichworte werden assoziiert?

(Das können sein: vergleichbare, gegensätzliche, Ober-/Unterbegriffe zum Kernbegriff)

Auch die bekannten ***W-Fragen*** (Wer, wie, was, wann, wo, warum?) können dazu einen wichtigen Beitrag leisten:

- Was heißt ...? Was ist ...? Was bedeutet (für mich / den einzelnen / die Gesellschaft) ...?
- Wer ist mit ... befaßt?
- Welche Arten von ... gibt es?
- Wann geschieht ...? Wo geschieht ...?
- Warum ...?
- Welche Ursache ...? Welchen Zweck ...? Welche Folgen, Vor-/Nachteile, Gefahren ...?
- Wem nützt/schadet ...?
- Wozu dient ...?

Schlüpfen Sie gedanklich doch einmal in andere Personen (Freunde, Arbeitskollegen, Eltern, Geschwister, Nachbarn etc.)

hinein. Wie würden die argumentieren? Ordnen Sie die so gewonnenen Stichworte nach Zusammengehörigkeit und nach Einordnungsmöglichkeit in die Gliederungsabschnitte Einleitung, Hauptteil, Schluß.

Für Problemstellungen, die eine ***Pro/Kontra-Erörterung*** verlangen, bewährt sich folgende Gliederung des Hauptteils:

- These (Argumente für ...)
- Antithese (Gegenargumente)
- Wenn möglich: Lösung, Entscheidung (Synthese)

Haben Sie es mit einem ***berufstypischen Fachproblem*** zu tun, bietet sich eine Gliederung des problemlösungsorientierten Kurzvortrags durch folgende Fragen an:

- Worin besteht das Problem?
- Wie ist bisher damit verfahren worden?
- Welche Lösungsansätze sind praktikabel/welche nicht?
- Wie sieht meine Empfehlung aus?

41 Wie gelingt die Präsentation?

Die vorgegebene Zeit für Ihren Vortrag sollten Sie unbedingt einhalten. Die fünf oder zehn Minuten Vortragszeit sind schneller vorbei, als der unter Prüfungsstreß stehende Kandidat sich vorstellen kann. Wenn Sie mit dem Vortrag aufhören müssen, weil die Zeit abgelaufen ist und wichtige Ihrer vorbereiteten Argumente ungesagt bleiben, haben Sie diese AC-Prüfung »in den Sand gesetzt«. Also: Verzichten Sie lieber auf ein paar zusätzliche, aber schwächere Argumente, und lassen sie genügend Raum für die wirklich guten.

Der Anfang Ihres Vortrags ist von besonderer Bedeutung. Denn ein Einstieg – so eine wichtige Regel im Journalismus – entscheidet oft darüber, ob man Leser oder in Ihrem Fall Zuhörer für ein Thema interessieren kann oder nicht. Deshalb sollten Sie sich für den Anfang Ihres Vortrags ein »Lockmittel« überlegen, z.B. eine knallige Headline, eine spannende Einleitung, eine interessante Frage, eine witzige Anekdote. Machen Sie Ihre Zuhörer neugierig auf das, was nun folgt.

Beleuchten Sie das Thema von verschiedenen Seiten, Standpunkten usw. Sparen Sie nicht mit sprachlichen Bildern, Vergleichen usw. Greifen Sie auch bei dieser Übung zu didaktischen Hilfsmitteln (Flipchart, Overheadprojektor, Tafel usw.), visualisieren Sie (komplizierte) Zusammenhänge (nach dem Motto: Ein Bild sagt mehr als 1000 Worte). Zögern Sie nicht, auch ein Keyword z.B. an die Tafel zu schreiben, um die Bedeutung zu unterstreichen. Zusammenhänge, die Sie durch Pfeile, Kreise oder andere Symbole vor den Augen der Zuschauer z.B. auf der Overheadfolie visualisieren, werden evidenter – eine Methode, die immer gut ankommt.

Halten Sie mit Ihren Zuhörern Blickkontakt – nicht nur mit den Beobachtern, auch mit den anderen Kandidaten. Werden Sie unterbrochen, gehen Sie auf Zwischenfragen ein. Damit soll Ihre Flexibilität getestet werden. Aber lassen Sie sich nicht auf ein ewiges Zwiegespräch mit einem Zuhörer ein

Geben Sie Ihren Zuhörern etwas zu denken, beteiligen Sie sie an Ihrem Thema. Wenn diese von sich aus nicht fragen, können Sie – um Leben in die Sache zu bringen – natürlich auch selber Fragen stellen. Aber besser ist es, nicht den einzelnen zu fragen. Das könnte für Ihr jeweiliges Gegenüber peinlich sein. Stellen Sie Fragen am besten an die ganze Runde.

Fassen Sie die wichtigsten Aspekte des Themas am Ende kurz und prägnant zusammen, und kommen Sie zum Schluß, der ähnlich gestrickt sein sollte, wie der Anfang – gut unterhaltend.

Übrigens: Wenn Sie sehr aufgeregt sind, die Hände – unübersehbar – zittern, ist es besser und bringt Sympathiepunkte, wenn Sie das offen und humorvoll ansprechen, als sich völlig zu verkrampfen, in der falschen Hoffnung, daß das niemand sieht. So machen Sie diese kleine Schwäche zu einer Stärke – Ihr Verhalten zeigt, daß Sie auch mit einem kleinen Manko souverän umgehen können.

42 Warum ist es wichtig, mit der eigenen Präsentation auch die Zuhörer zu unterhalten?

Weil das »Wie« bei dieser Aufgabe – mal wieder – fast wichtiger ist als das »Was«. Menschen, die unterhalten werden, sind positiver gestimmt und werden Ihnen mit größerem Wohlwollen begegnen. Denken Sie daran, es geht um Ihre Persönlichkeit, Ausstrahlung und Überzeugungskraft.

Eine Prise Humor, ein Zitat, eine angemessene Provokation in der Präsentation bringen Ihnen Pluspunkte. Wenn Sie langweilen, darüber hinaus noch nuscheln und mit der einen Hand verlegen vor dem Mund, mit der anderen nervös durchs Haar gehen, machen Sie jede Menge Minuspunkte. So gut kann Ihr Vortrag inhaltlich gar nicht sein, um das wieder auszugleichen.

Sprechen Sie eher etwas langsamer als zu schnell, nutzen Sie die Kunst der effektvoll inszenierten Pause. Übrigens: Den Vortrag beenden Sie bitte nicht mit: »So, das war's.« Viel besser: »Ich danke Ihnen« oder einfach »Dankeschön für Ihre Aufmerksamkeit«.

43 Was ist die Postkorb-Übung?

Neben der führerlosen Gruppendiskussion ist der Postkorb die am häufigsten eingesetzte Übung im AC. Bei ihr handelt es sich um einen sogenannten Paper-Pencil-Test, den jeder Teilnehmer für sich allein zu bearbeiten hat. Ihre Aufgabe: Sie müssen als Chef/Vorgesetzter/Geschäftsführer eine große Anzahl von Dokumenten durcharbeiten, die sich in Ihrer Post angesammelt haben, weil Sie länger weg, z.B. auf Dienstreise waren. Sie müssen unheimlich viele Entscheidungen treffen – typischerweise auf folgenden Gebieten:

- finanzielle Schwierigkeiten
- geschäftliche Dinge
- familiäre Probleme
- private Sorgen

Sie stehen dabei unter enormem Zeitdruck, weil Sie dann kurz danach wieder auf Dienstreise müssen, in den Urlaub fahren usw.

Die Unmenge der unterschiedlichen Papiere durchzulesen, erfordert eigentlich schon den größten Teil Ihrer Bearbeitungszeit. Dann aber wird von Ihnen verlangt, sich in der gegebenen schwierigen Situation (diese ist Ihnen eingangs erklärt worden) sehr schnell für eine angemessene Umgangsweise mit den Ihnen vorgestellten Ereignissen, Anforderungen, Problemen etc. zu entscheiden. Natürlich müssen Sie alles, was Sie zu tun gedenken, auch kurz schriftlich begründen und später mündlich erklären und vertreten (s.a. S. 75, 79f.).

44 Welche Anforderungen werden in der Postkorb-Übung gestellt?

Im einzelnen geht es um folgende Anforderungsmerkmale:

1. Die Erfassung und Steuerung sozialer Prozesse

- Kontaktfreudigkeit (aktives Zugehen auf andere)
- Einfühlungsvermögen (Erkennen/Berücksichtigung von Bedürfnissen/Gefühlen anderer)
- Integrationsfähigkeit (Fähigkeit zur Konfliktanalyse und -lösung, Bündelung multipler/divergierender Interessen auf ein Ziel hin)
- Kooperationsfähigkeit (kein Dominanzstreben auf Kosten anderer, Verzicht auf Druck- und Machtmittel)
- Informationspolitik (Weitergabe von Informationen)

2. Das Erkennenlassen systematischen Denkens und Handelns

- Abstraktes und analytisches Denkvermögen (Informationsordnung nach vorgegebenen Kriterien)
- Kombinationsfähigkeit im Denken (Übernahme/Verarbeitung von Informationen/Denkstilen anderer, die Fähigkeit, Alternativen zu entwickeln)
- Entscheidungsfähigkeit (Aufsuchen und Verarbeiten aller Informationen, Entscheidungsfreudigkeit/kein Aufschieben, Reflexion der Entscheidungskonsequenzen)
- Arbeitsorganisation (Delegationsfähigkeit, Einhalten von Zeitvorgaben, Belastbarkeit/Streßresistenz, Überblick verschaffen, gewissenhafte Bearbeitung, Konzentrationsfähigkeit)
- Planung und Kontrolle (Strukturierungsvermögen komplexer Sachverhalte)

3. Das erkennbare Aktivitätspotential

- Arbeitsantrieb/-motivation (Konstanz der Arbeitsleistung bei komplexen Aufgaben)

Bei dem Interview, das häufig im Anschluß auf den Postkorb folgt, erkundigen sich Ihre AC-Beobachter (oftmals detailliert) nach den Gründen für Ihre Entscheidungen. Dabei sind sie auf der Suche nach Qualifikationsmerkmalen wie Organisations- und Planungstalent und hoffen, einem systematischen Arbeitsstil mit Fragen nach einem bestimmten Konzept oder Strategien auf die Spur zu kommen. Besonders interessiert sie Ihr Weitblick, d.h. ob Sie auch die Konsequenzen Ihrer Entscheidungen mitberücksichtigt haben. Schlechte Noten handelt sich ein, wer unsystematisch, eher aus dem Gefühl heraus Entscheidungen trifft bzw. sich sogar vor einigen drückt.

Sowohl in der Postkorb-Übung als auch im Interview geht es vor allem auch um Ihre Belastungsfähigkeit, Auffassungsgabe und Flexibilität. Können Sie vermitteln, daß Sie bei komplexen Aufgaben planvoll und überlegt organisieren, Ihre Arbeitsleistung selbst bei hohem Zeitdruck für eine längere Zeit nicht abfällt, Ihre Konzentration konstant bleibt und Sie bemüht sind, begonnene Arbeiten zügig abzuschließen?

45 Wie bewältigt man den Postkorb?

Zunächst sollten Sie, um sich einen Überblick zu verschaffen, alle Ihnen vorgelegten Informationen durchlesen und sich parallel auf einem Extrazettel Notizen machen. Ziehen Sie dabei folgende Fragestellungen heran:

- Ist ein Überblick geschaffen?
- Läßt sich ein Zeitplan aufstellen?
- Welche Vorgänge/Ereignisse sind wirklich wichtig, von Bedeutung und warum?
- Welche können zurecht zurückgestellt, zunächst vernachlässigt werden, und warum?
- Wie sind die Zusammenhänge zwischen einzelnen Vorgängen/Ereignissen?
- Welche weiteren Gemeinsamkeiten lassen sich finden?

Für die Eigenbearbeitung checken Sie folgende Fragen:

- Welche Aufgaben muß man unbedingt selbst bearbeiten?
- Welche Termine müssen eingehalten werden?
- Was passiert, wenn Termine verpaßt werden?
- Läßt sich ein Ordnungssystem (Unterscheidungsmerkmale) für die einzelnen Vorgänge finden?
- Wo sind Prioritäten zu setzen, und aus welchen Gründen?
- Und wie ist dabei die Interessenlage?
- Wird bei der Bearbeitung ein systematischer Leitfaden evident?

Folgende Fragen helfen, Entscheidungen für zu delegierende Aufgaben zu finden:

- Was läßt sich an andere Personen delegieren, und warum?
- Kontrollfrage dabei: Könnte bei den AC-Beobachtern der Eindruck entstehen, sich vor Entscheidungen, Aufgaben drücken zu wollen?
- Wie läßt sich dabei eine Effizienz- und Erfolgskontrolle gestalten?

Unterziehen Sie abschließend Ihre Entscheidungen einer kritischen Fragenkontrolle:

- Fließen in die Entscheidungsfindung alle verfügbaren Informationen ein?
- Welche Konsequenzen, möglicherweise Probleme ziehen bestimmte Entscheidungen nach sich? Gibt es dazu Alternativen?
- Wie sind Entscheidungen zu erklären, zu rechtfertigen, zu begründen?
- Sind die Motive für Entscheidungen für die AC-Beobachter einsichtig?

Und denken Sie daran, während der Bearbeitung der Aufgaben möglichst gelassen zu wirken. Denn auch Ihre Körpersprache wird von den Assessoren registriert.

Übrigens gibt es in 99 Prozent der Postkorb-Übungen keine Königslösung, also den einzig richtigen Weg. Wichtig ist vielmehr, daß Sie im Interview auch begründen können, weshalb Sie sich für eine bestimmte Aufgabenverteilung entschieden haben, z.B. »weil Personalfragen immer Chefsache sind«, etc.

46 Warum braucht man für die Postkorb-Übung Selbstsicherheit und Entscheidungsmut?

Auch wenn es in der realen Arbeitswelt durchaus angezeigt ist, Dinge gründlich zu durchdenken – im Postkorb machen Sie damit keine Punkte. Dokumentieren Sie hier Entscheidungsmut und Entschlossenheit. Zeigen Sie ein gutes Maß an Selbstsicherheit und Optimismus.

Ziel der Postkorb-Aufgabe ist es, Ihr Entscheidungs- und Führungsverhalten sowie Arbeitsstil und -systematik zu beurteilen. Sind Sie in der Lage, Wichtiges von Unwichtigem zu unterscheiden und Prioritäten zu setzen? Können Sie Sachaufgaben delegieren und gleichzeitig dabei die Dinge nicht völlig aus dem Auge verlieren, sondern ein System der Effizienz- und Erfolgskontrolle mit einplanen?

In der Regel gibt es für diesen AC-Testbaustein eine Stunde Bearbeitungszeit. Seltener sind kürzere (sogenannte Mini-Postkörbe) oder deutlich längere Aufgabenzeiten.

Oftmals werden Sie dann im unmittelbaren Anschluß oder auch im Verlauf des ACs von ihren Beobachtern zu einem Nach(Klärungs)gespräch gebeten. Dort dürfen Sie Ihre Entscheidungsergebnisse nochmals erklären, gegebenenfalls rechtfertigen.

Wer im Interview einen zu zögerlichen Eindruck macht, nicht klar erkennen läßt, daß er in der Lage ist, Entscheidungen zu treffen und die sich daraus ableitende Verantwortung zu übernehmen, die Konsequenzen zu tragen, wird mit Kritik an seinem Führungspotential rechnen müssen.

Seien Sie tapfer, wenn sich herausstellt, daß Ihre Herangehensweise an die Probleme alles andere als logisch sinnvoll, geschweige denn systematisch und angemessen ist. Warum? Es könnte sein, daß man Sie auch dabei nur wieder testen will. Nämlich, wie schnell Sie von Ihrem Standpunkt abzubringen sind.

Verkneifen Sie sich auch Entschuldigungen oder Hinweise nach dem Motto: »Wenn die Zeit nicht so knapp gewesen wäre, hätte ich gerne noch dies oder jenes erledigt ...«. Erstens wissen die Beobachter selbst, wieviel Zeit zur Verfügung stand, zweitens haben sie Erfahrungswerte, die Auskunft darüber geben, was im Schnitt zu schaffen ist, und drittens wirken Entschuldigungen oder Ausreden nicht überzeugend. Man könnte daraus sogar eine Überforderung oder mangelnde Streßresistenz Ihrerseits ablesen.

47 Was hat es mit dem AC-Interview auf sich?

Um spezielle Anforderungen des zu besetzenden Arbeitsplatzes geht es meist im AC-Interview, einem weiteren AC-Baustein in Form eines Frage- und Antwort-Spiels. Sogar mehrere Einzel- oder Kleingruppeninterviews sind im Verlauf eines ACs denkbar. Parallelen zum AC-Rollenspiel und zum AC-Muster »Einer gegen die anderen« (in diesem Fall AC-Veranlasser bzw. -Beobachter) drängen sich auf, und auch die Assoziation »Verhör« ist durchaus naheliegend.

Verwechseln Sie das AC-Interview nicht mit einem gewöhnlichen Vorstellungs- bzw. dem AC-Abschlußgespräch oder gar dem Small-talk am Mittagstisch oder bei der abendlichen Einladung zum Essen – allzu oft passiert das jedoch, häufig übrigens den AC-Anwendern selbst.

48 Mit welchen Fragen muß man rechnen?

Im AC-Interview können explizit bestimmte Anforderungsmerkmale wie »Führungsneigung und -qualifikation« in den Mittelpunkt einer »Frage/Antwort-Stunde« gerückt werden. In diesem Fall müßten Sie etwa mit folgenden Fragen von Seiten der Interviewer rechnen:

- Wurde Ihnen in Ihrem bisherigen Berufsleben bereits einmal eine Führungsposition angeboten? Wenn ja, wie haben Sie reagiert?
- Worauf führen Sie es zurück, daß Ihnen eine Führungsaufgabe angeboten wurde?
- Was sind Ihre größten Erfolge als Führungskraft?
- Wann hatten Sie diese und wie sahen sie im einzelnen aus?
- Haben Sie schon einmal daran gedacht, spezielle Arbeitsgruppen und Besprechungskreise zu gründen bzw. dies auch konkret umgesetzt oder erfolgreich angeregt?
- Können Sie konkrete Beispiele dazu angeben, Ziele und Ergebnisse erläutern?
- Was würden Sie tun, wenn einer Ihrer Mitarbeiter sich selbst und seine Leistungen ganz anders einschätzt als Sie?
- Wie würden Sie vorgehen, wenn Sie in Ihrer Abteilung Neuerungen einführen müßten, die bei den Mitarbeitern auf Widerstand stoßen?
- Haben Sie früher in Ihrem Leben (Schul-/Freizeit, Studium, Militär) schon einmal Führungsaufgaben oder -funktionen übernommen?
- Wie kam es dazu und was haben Sie mit welchem Ergebnis geleistet?
- Welche Freizeitaktivitäten entwickeln Sie mit bzw. in Ihrem Freundeskreis?

49 Welche Anforderungen stehen beim AC-Interview im Mittelpunkt?

Persönlichkeit, Leistungsmotivation und Kompetenz sind die Oberbegriffe der Anforderungsmerkmale, die auch im AC-Interview im Mittelpunkt stehen.

Im einzelnen geht es um:

1. ***Das erkennbare Aktivitätspotential***

- Kontaktfähigkeit (aktives Zugehen auf andere)
- Führungspotential/-motivation (Anstreben einer Führungsposition/-rolle, Initiativen zur Strukturierung/Koordination sozialer Prozesse)
- Selbstwertgefühl (positiv und erfolgsorientiert, angemessene Selbstsicherheit)
- Durchsetzungsvermögen (Zielstrebigkeit, Durchsetzungsbeharrlichkeit, Streßtoleranz)

2. ***Die Ausdrucksmöglichkeiten***

- Mündliche Formulierungsfähigkeiten (flüssige/unmißverständliche Ausdrucksfähigkeit)
- Überzeugungskraft (Vorschläge/Ziele/Methoden werden von anderen übernommen, Argumentation erzeugt bei anderen keinen Widerstand, Flexibilität in Ausdruck/Argumentation)

Insgesamt kommt es im AC-Interview – unabhängig vom Inhalt der Einzelfragen, mit denen Sie konfrontiert werden – auf eine gute Portion Selbstdarstellungsfähigkeit an. Wer von sich und seinen Fähigkeiten angemessen überzeugt und darüber hinaus in der glücklichen Lage ist, andere überzeugen zu können, hat ein leichtes Spiel.

50 Wie bereitet man sich am besten auf ein Interview vor?

Vor dem AC-Interview sollten Sie sich Gedanken darüber machen, wie Sie folgende Aspekte präsentieren:

- beruflicher Werdegang, Aus- und Weiterbildung
- berufliche Kompetenz und Eignung
- Motive der Bewerbung und Leistungsmotivation
- persönlicher, familiärer und sozialer Hintergrund

Das wird Ihnen um so leichter fallen, je intensiver Sie die Vorbereitung der Bewerbung insgesamt betrieben haben. Das heißt, bevor Sie sich überhaupt irgendwo bewerben, sollten Sie sich im klaren über die zentralen Fragen sein:

- Was für ein Mensch bin ich?
- Was kann ich?
- Was will ich?
- Was ist für mich möglich?

51 Warum geht es im Interview manchmal unter die Gürtellinie?

Um Ihre Streß- und Frustrationstoleranz zu testen, setzen AC-Veranstalter bisweilen auch besondere Interviewtechniken, sogenannte Streßinterviews, ein.

Hauptziel der AC-Interviewer ist es dabei, Sie aus der Reserve zu locken, Sie zu provozieren, Ihr Verhalten in einer Streßsituation zu testen. Es liegt an Ihnen, wie weit Sie sich darauf einlassen und inwieweit Sie vorbereitet sind. Wichtig ist es, die Ruhe zu bewahren und gelassen zu bleiben, möglichst kurz und knapp zu antworten, jedoch nötigenfalls darauf hinzuweisen, daß es auch für Ihre Toleranz und Geduld Grenzen gibt. Gern legen Interviewer zwischendurch Schweigepausen ein. Das soll die Kandidaten verwirren, aus dem Konzept bringen. Sie lassen sich natürlich (!) nicht in diese Falle locken, durchschauen diesen Versuch und ertragen ihn mit freundlicher Gelassenheit.

52 Welche Fragen werden im Streßinterview gestellt?

Auf folgende Fragen sollten Sie sich einstellen:

- Was spricht gegen Sie als Kandidat?
- Was sind Ihre Schwächen, Nachteile, Defizite?
- Was haben Sie in Ihrem (Berufs-) Leben trotz Ihrer Vorsätze (noch) nicht erreicht?
- Ihr größter (beruflicher) Mißerfolg, Ihre größte Enttäuschung etc.?
- Was haben Sie daraus gelernt, welche Konsequenzen gezogen?
- Wovor fürchten Sie sich?
- Was kann Sie so richtig ärgerlich machen?
- Was mögen Sie nicht, schätzen Sie bei ... nicht, haben Sie Schwierigkeiten ... (bei der Arbeit, am Arbeitsplatz, tätigkeits- und personenbezogen, bei Kollegen, Mitarbeitern, Vorgesetzten, sich selbst)?
- Stellen Sie uns aus Ihrer beruflichen Laufbahn (aus Ihrem Werdegang, Leben) Negativ-(Anti-)Vorbilder vor und erklären Sie ...
- Was würden Sie in Ihrem (Berufs-)Leben anders machen, wenn Sie es könnten (wenn Sie nochmal von vorn anfangen könnten)?
- Was wollen Sie wann und wie (beruflich) in Ihrem Leben erreicht haben?
- Was sind Ihre persönlichen (beruflichen) Ziele, Ihr Motto (bis hin zum Sinn des Lebens)?
- Wie definieren Sie für sich die Begriffe Führung, Verantwortung, Schwäche, Leistung etc.?
- Wie sollte Ihr Stellvertreter sein?

- Worin sollte er Sie ergänzen? Was sollte er haben, vorweisen, was Sie nicht haben?
- Was machen Sie, wenn wir Sie nicht nehmen?
- Was würden Sie tun, wenn Sie nicht mehr arbeiten müßten?
- Überfordert Sie diese Tätigkeit nicht?
- Sind Sie für diese Position nicht viel zu jung/zu alt?
- Ihr beruflicher Werdegang läßt jeden roten Faden vermissen?

Mißverstehen Sie aber nicht jede kritische Frage als den Beginn eines Streßinterviews, und begegnen Sie Ihrem AC-Interviewpartner nicht von vornherein mißtrauisch.

Das Schwierige an Streßinterviews sind nicht nur die Fragen allein. Man versucht auch auf andere Art und Weise Sie aus der Fassung zu bringen, indem man Sie zwischendurch z.B. lange warten läßt, Schweigepausen während des Interviews einlegt oder zynische Zwischenbemerkungen macht. Manch einem Interviewer scheint es richtig Spaß zu machen, Sie derartig unter Druck zu setzen. Da Sie aber die Spielregeln durchschauen, wird ihm das nicht gelingen, oder?!

53 Muß man immer alle Fragen beantworten?

Nein. Intime Details, Ihre Entscheidung bei der letzten Bundestagswahl etc. gehen niemanden etwas an. Weisen Sie derartige Fragen zurück – selbstverständlich auf freundliche Art. Zeigen Sie, daß Sie Grenzen setzen können.

Wenn Sie wegen Nichtbeantwortung einer Frage Nachteile befürchten, ist es bei bestimmten Themen auch möglich, eine Notlüge zu gebrauchen. Laut Bundesarbeitsgericht muß man unzulässige Fragen (z.B. nach privaten Plänen) nicht wahrheitsgemäß beantworten, wenn davon auszugehen ist, daß von der Antwort die Vergabe des Arbeitsplatzes abhängen könnte (siehe auch Frage 91).

Lassen Sie sich im Interview nicht »verführen« oder dazu hinreißen, Dinge auszuplaudern, die Sie eigentlich nicht mitteilen wollten. Gehen Sie in schwierigen Situationen diplomatisch vor, bewahren Sie Haltung und Gelassenheit. Das Motto könnte lauten: kontrollierte Spontaneität.

Grundsätzlich sollten Sie aber auf unangenehme Fragen vorbereitet sein. Sie selbst wissen am besten, was für Sie heikle, schwierige Fragen bzw. Themen sein könnten. Auch wenn Sie nicht alle Fragen vorwegnehmen oder vorbereiten können: Es kommt darauf an, eine generelle Beantwortungsstrategie und Umgangsweise für sich zu entwickeln, um mit dieser Situation gut fertig zu werden.

54 Welches sind die wichtigsten Verhaltensregeln für das Streßinterview?

Die 11 wichtigsten Verhaltensregeln für das AC-Interview:

1. Hören Sie aufmerksam und konzentriert zu.
2. Halten Sie angemessenen Blickkontakt.
3. Beobachten Sie genau (ohne zu mustern).
4. Überlegen Sie, bevor Sie antworten, nehmen Sie sich die Zeit.
5. Scheuen Sie sich nicht, nachzufragen.
6. Reden Sie lieber etwas weniger als zuviel.
7. Lassen Sie Ihren Gesprächspartner (aus-)reden.
8. Warten Sie ab, stehen Sie auch mal eine kleine Gesprächspause durch.
9. Seien Sie lieber etwas mehr zurückhaltend als zu wenig.
10. Bleiben Sie sachlich, ruhig, geduldig und gelassen.
11. Last but not least: Versuchen Sie, die wichtigsten Regeln der Körpersprache zu berücksichtigen (s.a. die folgenden sieben Fragen).

55 Warum ist auch die Körpersprache von Bedeutung?

Mit der Körpersprache drücken wir unseren Gefühlszustand aus. Den meisten Menschen ist gar nicht bewußt, daß sie mit dem Körper genauso deutlich sprechen wie mit Worten. Erhobener Zeigefinger, hochgezogene Augenbrauen, gerümpfte Nase und eine in Falten gelegte Stirn geben aber sehr deutliche Signale. Wer die Hände im Schoß faltet oder hinter dem Kopf verschränkt, signalisiert seiner Umwelt bewußt oder unbewußt etwas. Nur was, ist die Frage.

AC-Beobachter hantieren gerne mit Listen, aus denen sie schnell ablesen können, was eine bestimmte Haltung, Geste, Mimik usw. angeblich für eine Bedeutung hat.

Im wesentlichen geht es um:

- Blickverhalten
- Gesten
- Mimik
- Körperhaltung
- Sprechweise
- Geruch

Ob die Körpersprache wirklich so einfach zu interpretieren ist, wie sich mancher Hobby-Psychologe wünscht, sei dahingestellt. Sie sollten sich jedoch bewußt sein, daß auch Ihre nonverbale Kommunikation bewertet wird, und daher in der AC-Situation verstärkt auf Ihre körperlichen Signale achten. Allerdings halten wir wenig von einer durch und durch einstudierten Körpersprache – abgesehen davon, ließe die sich auf Dauer wahrscheinlich auch nicht durchhalten, denn dazu steht sie zu sehr in Verbindung mit dem Unterbewußtsein.

56 Was sagt das Blickverhalten?

Folgende Aufstellung zeigt, wie das Blickverhalten bewußt oder unbewußt interpretiert wird:

Körpersignal	*Bedeutung*
Augen betont weit offen	Aufmerksamkeit, Aufnahmebereitschaft, Sympathie, Weltoffenheit signalisierend, Flirtverhalten
verengte Augenöffnung	Konzentration, Entschlossenheit, Eigensinn, Kleinlichkeit, überkritische Haltung
zugekniffene Augen	Abwehr, Unlust
gerader Blick	Offenheit, Gewissensreinheit, Vertrauen
schräger Blick	abschätzende Zurückhaltung
häufiger Blickkontakt	Sympathie
häufiges Wegsehen	mangelnde Sympathie oder Verlegenheit
auffällig häufiger Lidschlag	Unsicherheit, Befangenheit u.U. nervöse Störung

57 Was verrät die Gestik?

Welche Sprache sprechen Ihre Hände, was zeigen Ihre Bewegungen? Gestik wird folgendermaßen »verstanden«:

übertrieben kräftiger Händedruck (»Knochenbrecher«)	Rücksichtslosigkeit, Angeberei
kräftiger Händedruck ohne Übertreibung	Aufrichtigkeit, Sicherheit
schlaffer Händedruck (»tote Hasenpfote«)	Unsicherheit, kontaktarm, leicht beeinflußbar
Hand wegziehend	Verschlossenheit
verschränkte Arme	
- bei Männern	Ablehnung, Verschlossenheit
- bei Frauen	Selbstschutz, Angst
Hand vor den Mund halten	
- während des Sprechens	Unsicherheit
- nach dem Sprechen	will das Gesagte zurücknehmen
Sprecher hält Armlehnen mit beiden Händen fest	Aggressivität, aber etwas unsicher, neigt zur Weitschweifigkeit
Kopf auf Hände stützen	Nachdenklichkeit, Erschöpfung, Langeweile
Spitzdach mit den Händen formen	Arroganz, Abwehr gegen Einwände
Hände reiben	Selbstgefälligkeit, Selbstzufriedenheit
spielende Hände	Zeichen von Erregung, Nervosität, Befangenheit, Angst, Verwirrung
mit dem Finger auf den Gesprächspartner zeigen	Angriff, Wut
Hand zur Faust verkrampfen	Wut, verhaltener Zorn
Anfassen der Nase	Nachdenklichkeit, kritische Haltung, Verlegenheit
über den Hinterkopf streichen, Zupfen an den Ohren	Verlegenheit, Unbehagen, Ärger
Streichen des Kinns	Nachdenklichkeit, Zufriedenheit
Finger zum Mund nehmen	Verlegenheit, Unsicherheit
mit den Fingern trommeln	Nervosität, Ungeduld
häufiges Spielen mit dem Ring	Eheprobleme, frustriert vom häuslichen Leben
häufiges Abnehmen der Brille	Ablehnung, Angriff, Nervosität

58 Was drückt die Mimik aus?

Auch die Mimik hat zweifelsohne ihre Bedeutung. Jedes Kind weiß, daß ein verspanntes Gesicht, ein verkniffener Mund, feistes Grinsen Alarmzeichen sind.

Fest steht, daß Sie Pluspunkte sammeln, wenn Sie Ihr Gegenüber freundlich ansehen (nicht grinsen!). Ein natürliches Lächeln hinterläßt mit Sicherheit eine bessere Wirkung als ständig nach unten hängende Mundwinkel, die eher auf Desinteresse, schlechte Laune oder starke Verunsicherung schließen lassen.

offenes Lächeln	offene Heiterkeit, uneingeschränkte Mitfreude
gequältes Lächeln	ironisch, schadenfroh, blasiert, ängstlich
überwiegend geöffneter Mund	Mangel an Selbstkontrolle
zusammengepreßter Mund	Zurückhaltung, Reserviertheit, Verkniffenheit, Kontaktarmut
Mundwinkel nach unten	Bitterreaktion, Pessimist, depressiv
Mundwinkel nach oben	Aktivität bis Abwehr
Heben der Augenbrauen	Ungläubigkeit oder Arroganz

59 Wofür spricht die Körperhaltung?

Folgendermaßen werden diese Körpersignale bewertet:

Achselzucken, Handflächen nach außen	passive Hilflosigkeit
übereinandergeschlagene Beine	
– zum Gesprächspartner hin	Aufbau eines Sympathiefelds
– vom Gesprächspartner weg	Ablehnung, Unwillen
übergeschlagene Beine, Knie in die Hand gestützt	kritisch, skeptisch
dicht aneinandergestellte Füße beim Sitzen	schuldhafte Ängstlichkeit, Einzelgänger, überkorrekte Grundeinstellung
breit auseinanderklaffende Beine beim Sitzen	sorglose Unbekümmertheit, Rücksichtslosigkeit
friedlich ruhende Sitzhaltung	Selbstsicherheit, aber auch robuste Unbekümmertheit, seelische Erschöpfung
alarmbereite Sitzweise (auf dem Sprung sein)	Mangel an Selbstvertrauen und Sicherheit, auch Mißtrauen, innere Unruhe, Angst
Füße um die Stuhlbeine legen	Unsicherheit, Suche nach Halt
Füße nach hinten nehmen	Ablehnung
mit den Füßen wippen	Arroganz, Ungeduld, Sicherheit, Aggressivität
steife, militärische Körperhaltung, geziert aufrecht	Unterdrückung von Angst
breitbeinig dastehen, Daumen in die Achselhöhlen	Selbstsicherheit
den Oberkörper weit nach vorn lehnen	Interesse, Sympathie, Wunsch zu unterbrechen
den Oberkörper weit zurücklehnen	Desinteresse, Ablehnung

60 Wie wird die Sprechweise interpretiert?

lautstarke Stimme	Vitalität, Selbstbewußtsein, Kontaktfreude, aber auch Unbeherrschtheit, Geltungsdrang
leise, flüsternde Stimme	Schwäche, mangelndes Selbstbewußtsein, aber auch Sachlichkeit, Bescheidenheit
schnelles Sprechtempo	Impulsivität, Temperament aber auch ungezügelt, nervös
langsames Sprechtempo	Antriebsschwäche, aber auch Sachlichkeit, Besonnenheit, Ausgeglichenheit
wechselndes Sprechtempo	Unausgeglichenheit
ausgeprägte Pausengestaltung	Disziplin, Selbstbewußtsein
starke Akzentuierung	Lebhaftigkeit, Gefühlsstärke
schwache Akzentuierung	Desinteresse, mangelnde geistige Flexibilität

61 Fließen auch Äußeres wie Kleidung, Make-up, Frisur in die Bewertung ein?

Ja, selbstverständlich. So weiß man z.B., daß Bartträger es bei Assessment Centern und Vorstellungsgesprächen schwerer haben als bartlose Kandidaten. Keine weißen Socken und keinen Bart, lautet beispielsweise die ungeschriebene, aber konsequent angewandte Regel einer großen deutschen Bank. Der Bart scheint etwas zu verbergen bzw. dessen Träger, so die Denkweise, und wer hinauf will in die Höhen der deutschen Wirtschaft darf (zunächst einmal) keine Anzeichen dieser Art in die Vorstellung einbringen.

Wir wissen, daß sich der erste Eindruck, den wir von einem anderen Menschen bekommen, in den ersten Sekunden und Anfangsminuten des Zusammentreffens entwickelt. Es ist sehr schwer, diesen rückgängig zu machen oder in eine andere Richtung zu lenken. Deshalb achten Sie darauf, alles zu tun, um einen positiven ersten Eindruck zu hinterlassen. Dazu gehört natürlich auch Ihre Kleidung. Sie sollte modisch, »berufsangemessen« sein. Was das heißt, läßt sich ganz schnell feststellen, wenn Sie sich einmal in dem Unternehmen, bei dem Sie sich bewerben, umschauen. Wie sind dort die Mitarbeiter gekleidet? Geht es formal sehr korrekt zu – die Herren in Schlips und Anzügen, die Damen in Kostümen? In anderen Firmen darf es vielleicht lässiger sein, also durchaus der Pullover oder die Bluse ohne Blazer. Trotz aller Lässigkeit sollten Sie aber grundsätzlich auf gewagte Dekolletés oder bis zum Bauchnabel aufgeknöpfte Hemden, die Ihr Brusthaar in voller Schönheit zeigen, verzichten. Informieren Sie sich, welches Outfit angesagt ist. Natürlich muß Ihre Garderobe auch zu Ihrem Typ und Ihrem Alter passen und vor allem gepflegt sein. Wenn Sie zu einem

AC reisen, packen Sie auf jeden Fall noch etwas Ersatzkleidung ein, für den Fall, daß Sie sich beim Essen bekleckern, auf der Hinreise in den Regen geraten etc.

Keine Frage – Prüfungssituationen wie das AC regen die Transpiration an. Peinlich, wenn man dann riecht, sich unwohl fühlt und Angst hat, daß Prüfer und Mitstreiter es auch bemerken könnten. Deshalb sollten Sie zum AC nur wirklich frisch gewaschene/gereinigte oder ausreichend gelüftete Kleidung anziehen. Sonst riecht´s nach kurzer Zeit. Verzichten Sie vor der Prüfung auch auf scharfe Gewürze, die bringen die Schweißdrüsen noch mal richtig in Wallung. Außerdem gibt es spezielle Deodorants, Antitranspirants, die Schweißblocker mit Aluminiumsalzen enthalten und gegen übermäßiges Schwitzen wirken. Auch Salbeitee leistet gute Dienste. Halbärmelige Unterhemden verhindern, daß Schweißflecken im Hemd oder der Bluse sichtbar werden. Setzen Sie aus Angst vor Schweißgeruch aber auch nicht gleich die große Parfumkeule ein. Ein leichter Hauch ist o.k., aber bitte nicht die halbe Flasche. Sie wollen ja niemanden betäuben. Ganz abgesehen davon wird übermäßiger Parfumgeruch von vielen Menschen als belästigend empfunden. Denken Sie daran, daß Sie selber Ihr bevorzugtes Parfum nicht mehr so stark wahrnehmen wie Ihre Umgebung. Also: Weniger ist mehr. Schließlich wird auch Ihr Geruch bewertet:

parfümiert	werbend
überstark parfümiert	unsicher, vernebelnd
Schweißgeruch	ängstlich, unordentlich

62 Welche verschiedenen Paper-Pencil-Tests gibt es?

Bei Assessment Centern handelt es sich um eine Kombination von Einzelaufgaben. Hierbei kommen u.a. die sogenannten Paper-Pencil-Tests (Bleistift-Papier-Tests) zum Einsatz, also Verfahren, bei denen der Kandidat auf sich allein gestellt Antworten aufschreiben oder ankreuzen muß. Dabei werden auch klassische psychologische Testverfahren eingesetzt. Dazu gehören neben den sogenannten Intelligenz-, Leistungs- und Konzentrationstests vor allem Persönlichkeits-Testverfahren. Folgende Übersicht nennt die gängigsten Testverfahren, systematisiert nach Anforderungen und Aufgabentypen:

1. *Allgemeine intellektuelle Fähigkeiten*

1.1 Allgemeinwissen
1.2 spezielle berufsbezogene (Vor-)Kenntnisse
1.3 Logisches Denken/Abstraktionsfähigkeit
1.4 Merkfähigkeit/Kurzzeitgedächtnis
1.5 Gestaltwahrnehmung

---

2. *Spezielle intellektuelle Fähigkeiten*

2.1 Sprachbeherrschung/verbale Intelligenz
2.1.1 Wort- und Sprachverständnis
2.1.2 Rechtschreibung
2.1.3 Schriftliche Ausdrucksfähigkeit (Aufsatz)
2.1.4 Mündliche Ausdrucksfähigkeit
2.1.4.1 Vorstellungsgespräch
2.1.4.2 Gruppendiskussion
2.1.4.3 (Kurz-)Vortrag

2.2. Praktisch-technische Intelligenz
2.2.1 Rechenfähigkeit/Mathematisches Denken
2.2.2 Technisches Verständnis

2.3 Räumliches Vorstellungsvermögen

---

3. Arbeitsverhalten

3.1 Konzentrationsvermögen/Ausdauer/Belastbarkeit
3.2 Ordnung und Sorgfalt
3.3 Arbeitsorganisation

---

4. Persönlichkeitsmerkmale

4.1 Leistungsbereitschaft
4.2 Kontaktfähigkeit
4.3 Anpassungsfähigkeit
4.4 Emotionale Stabilität

63 Warum werden Persönlichkeits-Tests eingesetzt?

Durch den Einsatz klassischer Persönlichkeits-Tests im Assessment Center wollen Unternehmen einen maximalen Einblick in die Psyche des Bewerbers und seine allgemeinen Verhaltensweisen erlangen, insbesondere aber in seine möglichen Reaktionsweisen bei bestimmten Situationen (z.B. Konflikten).

Damit versucht man Antworten auf Fragen zu bekommen, wie: Paßt dieser Bewerber zu uns, fügt er sich möglichst reibungslos in das vorhandene Arbeitsteam ein? Ist er ein einsatzbereiter, leicht zu »handhabender«, gut funktionierender potentieller Mitarbeiter?

Ergründet werden sollen die Charaktereigenschaften, Wesenszüge und die Persönlichkeit des Bewerbers. Sie spielen bei der Personalentscheidung eine zentrale Rolle.

Die Frage ist nur: Was ist eigentlich Persönlichkeit und/oder Charakter? Die Psychologie ist sich hier ebenso wie beim Intelligenzbegriff uneinig. Es existieren etliche, zum Teil widersprüchliche Persönlichkeitsmodelle und -theorien, die sich diesem Spezialgebiet widmen. Nicht nur aus diesem Grund sind unserer Meinung nach derlei Tests äußerst fragwürdig. Wir halten den absoluten Anspruch des Arbeitgebers, durch den Einsatz von Persönlichkeits-Tests genau feststellen zu wollen, um welche Bewerber- bzw. Mitarbeiterpersönlichkeit es sich handelt, vor allem für eine rechtswidrige Ausnutzung eines Abhängigkeitsverhältnisses und eine Verletzung grundlegender Persönlichkeitsrechte.

64 Was wird mit Persönlichkeits-Tests geprüft?

Im wesentlichen geht es bei dieser Art von Tests um vier Persönlichkeitsmerkmale, aufgrund derer man glaubt, entscheiden zu können, ob Sie für eine bestimmte Position der richtige Bewerber sind:

- Emotionale Stabilität
- Kontaktfähigkeit
- Leistungsbereitschaft
- Geschlechtsidentität

65 Was versteht man unter emotionaler Stabilität?

Ein Bewerber gilt als emotional stabil, wenn er z.B.

... nicht grundlos Stimmungsschwankungen unterliegt,
... nicht von diffusen Ängsten und Sorgen gequält wird,
... keine Schuldgefühle kennt,
... nicht zum Perfektionismus neigt,
... nicht launenhaft ist,
... nur sehr selten krank ist,
... keine Schwierigkeit hat, sich auf seine Arbeit zu konzentrieren,
... keine Tagträumereien kennt,
... mit seinem Leben zufrieden ist und sich ein neues Leben genauso wünschen und vorstellen würde,
... nicht unter Platzangst leidet,
... seine Arbeit plant und ihr zügig nachgeht,
... sich selten schlecht oder elend fühlt,
... gewöhnlich nicht nervös, sondern ausgeglichen ist,
... nach dem Aufwachen frühmorgens frisch und munter ist,
... nicht unter Schlafstörungen leidet und auch gut einschlafen kann,
... nicht wetterfühlig ist,
... sich durch Unordnung nicht stören läßt,
... nicht unter Kopfschmerzen, Migräne oder Schwindelanfällen leidet,
... sich nur wenig um die eigene Gesundheit sorgt,
... als Kind auch schon mal etwas gegen den Willen der Eltern getan hat,
... sich den Anforderungen des Lebens gut gewachsen fühlt,
... Toleranz zeigt,

... Selbstvertrauen hat und keine Minderwertigkeitsgefühle kennt,
... nicht impulsiv handelt,
... nicht zu Grübeleien neigt,
... eher offen ist,
... keine ständig wiederkehrenden unnützen Gedanken kennt,
... sich nicht unverstanden, verkannt oder im Stich gelassen fühlt,
... nicht unter Appetitlosigkeit leidet
usw. usw.

66 Wie ermittelt man Kontaktfähigkeit?

Jemand wird als kontaktfähig eingestuft, wenn er z.B.

... von der Grundstimmung her Optimist ist,
... sich zusammen mit vielen Menschen wohl fühlt,
... sich gern mit Freunden trifft,
... schnell Freundschaften schließt,
... über einen großen Bekannten- und Freundeskreis verfügt,
... aktiv, gesprächig, temperamentvoll, kurzum lebhaft ist,
... gerne und oft ausgeht,
... glaubt, erfolgreich zu sein,
... sich auch in großen Gruppen unbefangen fühlt,
... in der Lage ist, in Gesellschaften aus sich herauszugehen,
... die Geselligkeit anderer Leute sucht,
... gewöhnlich bei neuen Bekanntschaften die Initiative ergreift,
... in Gruppen gerne eine Führungsposition übernimmt,
... gesellige Freizeitbeschäftigungen bevorzugt,
... sich leichter auf Risiken einläßt,
... Berufe bevorzugt, die einen Kontakt zu anderen Menschen schaffen bzw. herstellen,
... lieber telefoniert als Briefe schreibt,
... eher auf eine Party geht, als ein Buch liest,
... sich schlagfertig einschätzt und immer eine passende Antwort parat hat,
... auch gerne mal einen Witz erzählt,
... selbst in kritischen Situationen bei Problemen und Ärger die gute Laune behält,
... es für wichtig hält, allgemein beliebt zu sein,
... keine Hemmungen beim Sprechen vor größeren Gruppen empfindet,
usw. usw.

67 Was wird unter Leistungsbereitschaft verstanden?

Leistungsbereitschaft drückt sich aus, wenn man z.B.

... Arbeiten nicht aufschiebt,
... begonnene Arbeiten nicht liegen läßt,
... sich bei der Arbeit nur schwer unterbrechen läßt,
... planvoll arbeitet, überlegt und organisiert, und sich vorher genau überlegt, was zu tun ist,
... sich auf seine Arbeit leicht konzentrieren kann,
... sich z.B. auf Prüfungen intensiv vorbereitet,
... einen Wettkampf nicht scheut,
... die eigene Leistung und Fähigkeit mit der anderer vergleicht,
... Ehrgeiz zeigt und seine Ziele mit Entschlossenheit verfolgt,
... den Erfolg anderer beneidet,
... genug Kraft besitzt, um mit eigenen Problemen fertig zu werden,
... gerne eine wichtige oder berühmte Persönlichkeit sein möchte,
... selbst in den Ferien an die Arbeit denkt,
... sich ständig bemüht zeigt, voranzukommen,
... seine Freizeit erst dann genießt, wenn die Arbeit getan ist,
usw. usw.

68 Was hat es mit der Kategorie Geschlechtsidentität auf sich?

Dieser Merkmalsbereich ist von Seiten der Tester in Personal- und Persönlichkeitsfragebögen eindeutig nach gängigen männlichen Rollenklischees ausgerichtet – auch Bewerberinnen werden an diesem dubiosen Maßstab gemessen. Mit der Geschlechtsidentität ist demnach »alles in Ordnung«, wenn man z.B.

... optimistisch eingestellt ist,
... keine Angst kennt,
... nicht schreckhaft ist,
... nicht zu sentimental ist,
... handfeste körperliche Tätigkeiten mag,
... nicht viel über die Liebe nachdenkt,
... an Sport interessiert ist,
... kein Interesse an Chorgesang hat,
... als Kind gern mit Spielzeugwaffen gespielt hat,
... ab und zu aus Spaß etwas Gefährliches tut,
... beim Anblick von Blut nicht gleich Übelkeit verspürt,
... lieber wissenschaftliche als belletristische Literatur liest,
... kalte Füße oder Hände nicht kennt,
... Tanzveranstaltungen weniger interessant findet,
... gegenüber Schlangen und Insekten keinen Ekel oder Abneigung empfindet,
... technische Berufe musischen vorzieht,
... eine schöne Umwelt für weniger interessant hält,
... Romantik eher als Fremdwort empfindet,
... bisweilen auch mal einen unanständigen Witz erzählt,
usw. usw.

69 Was soll mit dem Persönlichkeits-Test 16PF geprüft werden?

Auf gerade mal 16 gegensätzliche Persönlichkeitsmerkmale reduziert dieser Persönlichkeitstest den Menschen:

Sachinteresse versus Kontaktinteresse

Im einzelnen verstehen die 16PF-Testautoren z.B. unter ***Sachinteresse,***

- wenn man sich bei gleicher Arbeitszeit und gleichem Lohn eher für den Beruf des Zimmermanns oder Kochs als für den des Kellners entscheiden würde.

Kontaktinteresse signalisiert z.B., wer

- mit Leuten redet, damit diese sich wohl fühlen.

Konkretes Denkvermögen versus Abstraktes Denkvermögen

Abstraktes gegenüber ***konkretem Denkvermögen*** beweist, wer u.a. begreift,

- daß sich Hund zu Knochen wie Kuh zu Gras verhält.

Konkret und eher dümmlich ist z.B.,

- wer nicht darauf kommt, daß folgende Relation gilt: Besser verhält sich zu am schlechtesten wie langsamer zu am schnellsten.

Emotionale Labilität versus Emotionale Stabilität

Emotionale Stabilität zeichnet sich gegenüber Labilität u.a. dadurch aus, daß man

- bei beruflichen und privaten Entscheidungen nie auf mangelndes Verständnis von Seiten der Familie stößt.

Als ***emotional labil*** z.B. gilt,

- wer sein Leben, wenn er es noch einmal zu leben hätte, anders planen würde.

Soziale Anpassung versus Dominanzstreben

Eher ***Dominanzstreben*** und ***Selbstbehauptung*** zeigt u.a., wer

- in einer fremden Stadt hingeht, wohin es ihm beliebt.

Sozial angepaßt ist z.B. jemand,

- der sich in einer Stadt verläuft und dann seinem Begleiter ohne zu murren folgt, obwohl er davon überzeugt ist, daß dieser den Weg auch nicht sicher weiß.

Besonnenheit versus Begeisterungsvermögen

Begeisterungsfähigkeit zeigt, wer

- öfter als einmal in der Woche ausgeht.

Besonnenheit unterstreicht, wer

- Spaß dabei empfindet, Gäste einzuladen und sie zu unterhalten.

Flexibilität versus Pflichtbewußtsein

Wer ***Pflichtbewußtsein*** demonstrieren will,

- fühlt sich von unordentlichen Menschen abgestoßen und ärgert sich über sie. Ein unordentliches Zimmer stört ihn.

Flexibilität zeigt, wer

- zu Hause ist, über Zeit verfügt und nichts Bestimmtes macht, außer sich zu entspannen.

Zurückhaltung versus Selbstsicherheit

Selbstsicher wirkt, wer

- nicht verlegen reagiert, wenn er plötzlich zum Mittelpunkt der Aufmerksamkeit wird.

Zurückhaltung und ***Schüchternheit*** zeichnen denjenigen aus, der

- mit Fremden in öffentlichen Verkehrsmitteln nicht leicht ins Gespräch kommt.

Robustheit versus Sensibilität

Robustheit ist dadurch charakterisiert, daß

- man im Fernsehen lieber eine nützliche und informative Sendung über neue Erfindungen anschaut als einen bekannten Konzertkünstler.

Sensibel ist, wer

- lieber Kinderbücher schreibt als elektrische Geräte zu reparieren.

Vertrauen versus Mißtrauen

Mißtrauen zeigt, wer

- nicht gut mit eingebildeten Leuten auskommt, vor allem, wenn sie prahlen.

Vertrauen zeigt, wer

- glaubt, daß niemand es wirklich gern sehen würde, wenn man in Schwierigkeiten gerät.

Pragmatismus versus Phantasie

Phantasie hat, wer

- gerne bei einer Zeitung Kritiken über Dramen, Konzerte oder Opern schreiben würde.

Pragmatismus beweist, wer

- glaubt, daß es für einen Mann wichtiger sei, ein gutes Familieneinkommen zu sichern, als sich Gedanken über den Sinn des Lebens zu machen.

Offenheit versus Cleverness

Offenheit signalisiert, wer

- lieber mit höflichen Menschen verkehrt als mit ungeschliffenen Personen.

Clever ist, wer

- das Leben eines Tierarztes, der Tiere behandelt und operiert, nicht toll findet.

Selbstvertrauen versus Besorgtheit

Durch ***Selbstvertrauen*** zeichnet sich aus, wer

- sich nicht entmutigt fühlt, auch wenn er von anderen kritisiert wird.

Besorgtheit dagegen wird bei dem attestiert, der

- sich fürchtet, etwas falsch gemacht zu haben, wenn er zu seinem Chef oder Lehrer gerufen wird.

Sicherheitsdenken versus Veränderungsbereitschaft

Sicherheitsdenken äußert sich in Statements wie

- die Welt braucht mehr beständige und verläßliche Bürger,
- besser Hausmannskost als ausländische Speisen.

Veränderungsbereitschaft dokumentiert, wer

- auch als Jugendlicher bei seiner Meinung blieb, selbst wenn die anders war als die der Eltern.

Teamfähigkeit versus Einzelgängertum

Teamfähigkeit wird belegt durch

- Freude an gemeinschaftlichen Unternehmungen.

Einzelgängertum zeichnet sich dadurch aus, daß man

- lieber etwas alleine aufbaut als mit anderen zusammen.

Spontaneität versus Selbstkontrolle

Selbstkontrolle manifestiert sich darin, daß man

- alles plant und die Dinge nicht dem Zufall überläßt.

Zu ***Spontaneität*** neigt, wer

- beim Ausgehen, Essen, Arbeiten gern von einer Sache zur anderen wechselt (von den Kartoffeln zum Fleisch und zum Gemüse, ein Häppchen hier, ein Häppchen da ...).

Ausgeglichenheit versus Angespanntheit

Angespannt wirkt, wer

- sich oft zu schnell über andere ärgert.

Ausgeglichenheit zeigt, wer
- vor einem Test oder einer Prüfung gelassen bleiben kann.

Weiterhin werden noch 5 Zusatzfaktoren ermittelt:

starke Normorientierung versus geringe Normorientierung
große Streßtoleranz versus geringe Streßtoleranz
große Autonomie versus geringe Autonomie
große Entscheidungsfreudigkeit versus geringe Entscheidungsfreudigkeit
starker Kontaktwunsch versus geringer Kontaktwunsch

70 Was ist der Satzergänzungs-Test?

AC-Konstrukteure haben den freundlich klingenden Begriff Kreativitätsüberprüfung für den sogenannten Satzergänzungstest erfunden. Letztlich aber steckt nichts anderes als eine besondere Art von Persönlichkeits-Test hinter diesem Verfahren.

Man legt Ihnen Satzanfänge vor und bittet Sie, den unvollständigen Satz nach Ihren Vorstellungen zu beenden, z.B.:

- *Ich möchte gerne ...*
- *Ich fürchte ...*
- *Ich mag es nicht, wenn ...*

Egal, wie diese Sätze anfangen, es geht darum, Ihnen Gedanken, Statements, Meinungen etc. zu entlocken, die dann entsprechend interpretiert werden sollen. Daß dieses Verfahren unseriös ist und Sie sich eigentlich weigern sollten, so etwas mitzumachen, ist eine Empfehlung – wenn auch in der Zwangssituation Bewerbung oftmals nicht realisierbar.

Auch wenn es scheinbar um andere Personennamen geht, wie z.B.

- *Karl ist immer ...*
- *Marion mag es, wenn man ...*

handelt es sich dabei um Sie, d.h. die Vervollständigung des Satzes soll Rückschlüsse auf Ihre Persönlichkeitsstruktur ermöglichen.

71 Wie sammelt man beim Satzergänzungs-Test Pluspunkte?

Halten Sie Ihre Antworten knapp und sozial erwünscht, d.h. schlicht, positiv, unkompliziert, taktvoll etc. Bleiben Sie sachlich, vermitteln Sie den Eindruck, daß Sie sich um aufrichtige Antworten bemüht haben, und bewegen Sie sich im sozial unverfänglich und konfliktfreien Klischee. Hier ***drei Negativ-Beispiele***, wie Sie es bitte ***nicht*** machen:

Ich fürchte ... nicht den richtigen Erfolg zu haben.
Früher war ich ... ein bißchen schüchterner als meine Freunde.
Es ärgert mich besonders, wenn ... man mir nicht glaubt.

Diesen Beispielen seien andere, ***bessere*** Ergänzungsmöglichkeiten gegenübergestellt:

Ich fürchte ... mich nicht.
Früher war ich ... ein erfolgreicher Torwart unserer Schulmannschaft.
Es ärgert mich besonders, wenn ... andere Menschen abergläubisch sind.

Verdeutlichen Sie sich positive Verhaltensklischees, die man von Ihnen erwarten kann. Machen Sie sich noch einmal klar: Es geht nicht um Wahrheit oder Ihre reale persönliche Meinung.

Banal wirkende Sätze sind keine Gefahr, sondern eher ein Indiz dafür, daß Sie kein Neurotiker sind.

Weitere Beispiele, wie Sie sich geschickt aus der Affäre ziehen:

Ich kann nicht ...
Antwort: *... klagen.*

Wenn ich einen Fehler mache, dann ...
Antwort: *... bemühe ich mich, ihn zu korrigieren.*

Als man mir sagte, das könne ich nicht ...
Antwort: *... bat ich, es doch einmal versuchen zu dürfen.*

Wenn alles mißlingt, dann ...
Antwort: *... suche ich nach der Ursache und beseitige sie.*

72 Was ist der MMPI?

Sollte Ihnen im Assessment Center der MMPI vorgelegt werden, ein Persönlichkeits-Test, der sich besonders durch seinen Umfang von über 560 Fragen, aber auch durch seine Statements, die zu bejahen oder verneinen sind, auszeichnet, ist Vorsicht angesagt. Sie befinden sich in den Händen skrupelloser Testanwender. Fragen wie »Manchmal verläßt meine Seele meinen Körper« und »Wegen meines sexuellen Verhaltens hatte ich niemals Unannehmlichkeiten« oder »Ich habe Angst, den Verstand zu verlieren« gehören zum absoluten Gruselinventar, mit dem man sich der Persönlichkeit eines Bewerbers nähern möchte. Wir empfehlen Ihnen eine Strafanzeige gegen die Anwender. Sollten Sie sich dennoch entschließen, Ihre Persönlichkeit auf ...

- Hypochondrie (Wehleidigkeit),
- Depression (Interessenlosigkeit, mangelndes Selbstvertrauen),
- Hysterie (u.a. mangelnde Belastbarkeit mit der Neigung, bei psychischen Problemen mit körperlichen Symptomen zu reagieren),
- Paranoia (Verfolgungswahn),
- Psychasthenie (Konzentrationsschwäche, Entscheidungsschwierigkeiten, Zwangshandlungen),
- Schizoidie (Kontaktarmut, bizarre Denkweise),
- Psychopathie (soziale Unangepaßtheit),
- Hypomanie (Hektik, Unzuverlässigkeit, Sprunghaftigkeit),
- soziale Introversion (Unsicherheit, Kontaktscheue),
- Maskulinität bzw. Feminität (Abweichung vom Geschlechtsverhalten)

... untersuchen zu lassen, dann überlegen Sie sich gut, wie Sie antworten. Natürlich kann man keinem empfehlen, sich für einen »verdammten Menschen« oder für einen »Sendboten

Gottes« zu halten, beides Fragen aus dem MMPI, die bei dieser Ankreuzung Ihren entsprechenden Geisteszustand dokumentieren. Ein kleiner Auszug: Es fängt mit ganz harmlosen Aussagen an, wie:

- Ich lese gerne technische Zeitschriften. (stimmt/stimmt nicht)
- Ich habe einen guten Appetit.

Dann geht es aber mit obskuren Fragen weiter, wie

- Manchmal bin ich von bösen Geistern besessen.
- Alles trifft so ein, wie die Propheten es in der Bibel vorausgesagt haben.

Sind auch eine ganze Reihe von Fragen leicht durchschaubar bzw. dermaßen abstrus, daß sich eine weitergehende Besprechung erübrigt, so gibt es einige, die speziell im Hinblick auf die Bewerberauswahl interpretiert werden können, z.B.:

- Ich wäre ein guter Menschenführer, wenn man mir Gelegenheit dazu gäbe.
- Bei Wahlen stimme ich manchmal für Leute, die ich eigentlich zu wenig kenne.

Wer hier zustimmt, entwirft angeblich ein Bild über seine Persönlichkeit, das positiv in Richtung Führungsqualität und Dominanzstreben interpretiert wird. Das Gegenteil erzielt man, wenn man

- in der Schule Schwierigkeiten hatte, vor den Klassenkameraden zu sprechen,
- glaubt, nicht das richtige Leben geführt zu haben,

- in Gesellschaft oft Mühe hat, den richtigen Gesprächsstoff zu finden.

Durchsetzungsfähigkeit und Selbstsicherheit gehören ebenso zu den gesuchten und gewünschten Führungsqualitäten. Wer sich z.B.

- wünscht, nicht so schüchtern zu sein, bringt sich in die Gefahr, in den Augen der Testdeuter als unsicher, labil und gefügig zu gelten.

Kooperationsbereitschaft und eine positive Einstellung zur sozialen Umwelt deutet man an, indem man Aussagen wie diesen nicht zustimmt:

- Ich nehme mich in acht, wenn Leute freundlicher sind, als ich es erwarte.
- Wenn mir jemand Gutes tut, frage ich mich, welche Hintergründe er haben könnte.

73 Warum sollte man den MMPI verweigern?

Weil dieser Test eine einzige Provokation ist. Wer Ihnen dieses zumutet, gehört öffentlich angeprangert. Es ist noch nicht lange her, da gab es einen Skandal in Niedersachsen, weil angehende Justizvollzugsbeamte und Hunderte von Häftlingen mit MMPI untersucht wurden. Der niedersächsische Justizminister hat den Testeinsatz untersagt.

Seien Sie also auf der Hut bei allen Fragen, die Schuldgefühle ansprechen, Unsicherheiten des eigenen Verhaltens, Schüchternheit oder Selbstkritik. Hier droht ein Punktverlust, verbunden mit übelster Interpretation Ihres Charakters, wenn Sie arglos antworten, was Ihnen in den Sinn kommt. Die Lügenfallen dieses Tests sind besonders raffiniert. In mehreren Analyseverfahren beschäftigt man sich mit der Ehrlichkeit des Beantworters. Beim MMPI sorgen dafür die sogenannten K- und L-Skalen (Korrektur- und Lügenskala). Mit fast 50 Fragen versucht man, dem »oberschlauen« Beantworter ein Bein zu stellen.

Aufgepaßt bei Formulierungen wie: manchmal, dann und wann, ab und zu, gelegentlich. Wer hier alles abstreitet, macht sich verdächtig, nicht die Wahrheit zu sagen. Bei sozial unerwünschtem, jedoch häufig anzutreffendem Verhalten oder umgekehrt bei sozial erwünschtem, aber nur seltenem Verhalten überführt man den lügenden Bewerber. Mit anderen Worten: Um ehrlich zu erscheinen, muß man eingestehen:

- manchmal wütend zu sein,
- ab und zu schlechte Laune zu haben,
- nicht jeden Tag alle Leitartikel der Zeitung zu lesen,
- gelegentlich Arbeiten auf morgen zu verschieben, die heute getan werden müßten.

Hier noch einige abenteuerliche Testaussagen, zu denen der Bewerber Stellung nehmen soll:

- Es ist etwas mit meinen Geschlechtsorganen nicht in Ordnung.
- Manche Tiere machen mich nervös.
- Blut in meinem Urin habe ich nie festgestellt.
- Schiller war meiner Meinung nach bedeutender als Goethe.
- Ich habe Lust, in Afrika Löwen zu jagen.

Auch wenn Ihnen diese Fragen aus dem Test nicht gestellt werden, sondern die etwas gemäßigteren, wie ...

- Vorträge über ernste Themen höre ich gern,
- ich nehme nie Medikamente ohne ärztliche Verordnung,
- Polizisten sind meiner Meinung nach gewöhnlich ehrliche Menschen,

... wird die negative Grundstimmung dieses Tests in der Regel gegen Sie verwandt. Deshalb unser Rat: Diesem Test sollten Sie sich unbedingt verweigern.

74 Wie versucht man, Ihre Motivation zu testen?

Möglich ist, daß Ihnen beim Einstellungstest-Teil bunte Bildchen vorgelegt werden, die Sie dann beurteilen sollen. So ist es uns von vielen Teilnehmern bei Einstellungsverfahren im Bankbereich berichtet worden. Dieser merkwürdige Persönlichkeits-Test läuft folgendermaßen ab: Mehrere Dias mit Darstellungen von unterschiedlichen graphischen Figuren werden den Kandidaten mit der Entscheidungsaufgabe präsentiert: Welches Bild gefällt Ihnen besser?

In einer zweiten Diaserie werden – dargestellt durch ein Strichmännchen – Vorher/Nachher-Situationen gezeigt: So sieht man z.B. ein Männchen, das auf dem einen Bild einen Zaun streicht; auf dem anderen ist zu sehen, wie es den fertig gestrichenen Zaun in stolzer Pose von einem anderen Strichmännchen bewundern läßt.

Oder: Bild A zeigt ein Strichmännchen am Schreibtisch mit vielen Papieren und Bild B ein zufriedenes Strichmännchen, das sich nach getaner Arbeit ausruht. Auch hier wird die gleiche Entscheidungsfrage gefällt, d.h.: Welches Bild gefällt Ihnen besser?

Zugegebenermaßen sind uns die genauen Auswertungskriterien bei dem hier beschriebenen Test unbekannt. Wir können uns aber vorstellen, daß eine Chance, ungeschoren davonzukommen, darin besteht, sich vorsichtig und bedeckt zu halten und weder das eine noch das andere Extrem (also immer nur oder überwiegend die Arbeits-, Aktions- bzw. immer nur die Ergebnis- u. Erholungsbilder) anzukreuzen.

Nach unserer Einschätzung handelt es sich nicht um einen klassischen und wissenschaftlich diskutierten Test. Mit einiger Phantasie kann man sich aber vorstellen, daß es hier um Motivation und Leistungsbereitschaft geht und daß Bewerber, die zu oft im Sinne einer sozial erwünschten Haltung entscheiden (= zu viel arbeitsorientierte Bildchen ankreuzen), also stark handlungs-/aktionsorientiert erscheinen, sich genauso verdächtig machen wie Bewerber, die ständig von »wenn alles getan ist ...« träumen, sich also zu sehr ergebnis-/erfolgsorientiert präsentieren.

Trotzdem noch ein Hinweis: Je höher die Position ist, die Sie anstreben, d.h. eng verbunden etwa mit Personalführungsanforderungen, desto wahrscheinlicher ist hier ein positives Abschneiden bei den Ergebnis-Bildern zu vermuten. Sie wollen Ziele erreichen und weniger selbst Hand anlegen, so könnte man dieses Testergebnis interpretieren.

75 Warum sind biographische Fragebögen nur scheinbar harmlos?

Was aussieht wie die letzten Formalitäten vor dem endgültigen Arbeitsvertrag, ist nichts anderes als eine weitere Art von Persönlichkeits-Test. Wenn Sie als AC-Kandidat dazu aufgefordert werden, »noch mal schnell den Personalfragebogen« auszufüllen, freuen Sie sich bitte nicht zu früh. Das heißt nämlich noch lange nicht, daß Sie es geschafft haben. Neben den persönlichen Daten (Name, Adresse, Alter, Bildungsabschlüsse, Schuhgröße usw.) werden überwiegend Fragen aus folgenden Bereichen gestellt:

- Ursprungsfamilie (Größe, Ausbildung und Beruf der Eltern)
- Eigene Familie (Größe, Alter der Kinder, Ausbildung und Beruf des Partners)
- Kindheit/Jugend (elterlicher Erziehungsstil, prägende Erfahrungen)
- Schulischer Werdegang (geliebte/ungeliebte Fächer, Leistungen, Anpassung an Lehrer/Mitschüler)
- Ausbildung (Berufswahl, Ausbildungsschwerpunkte, Gründe für eventuelle Fehlleistungen)
- Arbeits-/Berufserfahrung (Gründe für die Arbeitsplatzwahl, besondere Kenntnisse/Fähigkeiten, Häufigkeit von Arbeitsplatzwechseln, Gründe und zeitlicher Verlauf)
- Freizeitgestaltung/Interessen (Hobbys, soziales Engagement, außerberufliche Aktivitäten)
- Selbsteinschätzung (besondere Stärken und Schwächen, Gründe für Fehl- und Rückschläge, Entwicklungs- und Verbesserungschancen)

- Lebensziele (berufliche und persönliche Ziele – auch bezüglich der Kinder – optimistische/pessimistische Zukunftseinschätzung)

Aber auch Fragen, die Sie angeblich ganz frei beantworten sollen, z.B. in Form einiger Zeilen bis hin zum Kurzaufsatz, können es in sich haben. Dazu drei Beispiele:

- Welche Menschen bewundern Sie am meisten (bitte Namen nennen)?
- Nennen Sie einige von Ihnen bevorzugte Bücher!
- Welchen Beruf würden Sie wählen, wenn Sie ohne Rücksicht auf Gehalt und Vorbildung frei wählen könnten?

76 Wie übersteht man Persönlichkeits-Tests?

Entscheidend ist, Persönlichkeits-Test-Verfahren als solche zu erkennen. Zweitens ist es wichtig zu wissen, wer und vor allem wie man ist, also die eigene Persönlichkeit, die eigenen Charaktermerkmale möglichst gut zu kennen. Drittens ist es unbedingt notwendig, in Erfahrung zu bringen, was die andere Seite (die AC-Beobachter, der Arbeitgeber) für Persönlichkeitsmerkmale erwartet bzw. wünscht. Und viertens muß es einem gelingen – leichter gesagt, als getan – das Übermitteln dieser Merkmale glaubhaft zu gestalten.

Es ist schwer, generelle Empfehlungen für das Bearbeiten von Persönlichkeits-Tests auszusprechen, aber achten Sie darauf, die Fragen nicht zu extrem in eine Richtung anzukreuzen. Es geht um die »richtige Mischung« aus folgenden drei Komponenten:

1. Wie stellt sich der Arbeitgeber den idealen Bewerber für diese Position/Aufgabe vor?
2. Wie glauben Sie, wirklich zu sein?
3. Ausweichen auf die »Teils-teils«-Position.

Wichtig ist auch, eine optimistische Grundhaltung auszustrahlen. Diese sollte sich nicht nur in Ihrem Auftreten (siehe auch Fragen zu Körpersprache, Mimik, Gestik etc.), sondern auch in der Beantwortung der Tests widerspiegeln. Denken Sie daran, wenn Sie nach Ihren Zukunftsvorstellungen, großen Plänen und Wünschen gefragt werden.

77 Testen Intelligenz-Tests wirklich die Intelligenz?

Zumindest geben sie es vor, und viele glauben auch daran. Fest aber steht: Der Intelligenzbegriff ist weder genau zu definieren, geschweige denn unumstritten. In der Wissenschaft sind die meisten IQ-Tests – so nennt man sie – out. In ist dafür der Begriff der Emotionalen Intelligenz, abgekürzt EQ oder andere Begriffe wie soziale Intelligenz bzw. soziale Kompetenz. Aber zurück zu den immer noch im AC häufig eingesetzten klassischen Intelligenz-Test-Aufgaben:

Bei den Intelligenz-Tests kommen in erster Linie Aufgaben aus dem Anforderungsbereich »Logisches Denken/Abstraktionsfähigkeit« zum Einsatz. Unter Logischem Denken wird ein folgerichtiges, schlüssiges, gültiges, sogenanntes »denkrichtiges« Denken verstanden, das zu einleuchtenden, offenkundig und selbstverständlich richtigen Schlußfolgerungen und Aussagen führt. Logisch, daß AC-Veranstalter über diese Art zu denken verfügen (möchten) und deshalb auch ihre Kandidaten oftmals bezüglich dieser Qualitäten einer ausführlichen Prüfung unterziehen. Welcher Arbeitgeber hätte schließlich nicht gern solche Mitarbeiter. Der Haken: Die Tests halten nicht, was sie versprechen. Also: Ob Intelligenz-Tests wirklich die Intelligenz testen, darf bezweifelt werden.

Daß so mancher Intelligenztest seinen Namen nicht verdient, wird deutlich, wenn man sich einmal die Fragen vor Augen führt, die in solchen Tests gestellt werden. Beispiele:

Wie lang ist ein 10-DM-Schein? Wie groß ist ein sechsjähriges Kind? Oder: Was ist das Wichtigste am Fernseher?

a) der Kontrastregler b) die Antenne c) die Bildröhre d) der Abstellknopf. Oder andere knifflige Fragen kommen vor, wie z.B.: Welcher Tag war vorgestern, wenn der Tag nach übermorgen zwei Tage vor Samstag liegt ... (s.a. Literaturhinweise, S. 156).

78 Mit welchen Aufgaben muß man in sogenannten Intelligenz-Tests rechnen?

Mit Hilfe unterschiedlicher Testaufgabentypen versucht man, sich an Logik- und Abstraktionsfähigkeiten der Getesteten heranzupirschen. Es lassen sich graphische Aufgaben, sprachliche (z.B. Analogien) und Zahlenaufgaben (-reihen) unterscheiden.

Beispiele:

Sie sehen ein Rechteck mit acht Figuren. Welcher der vorgegebenen neun Lösungsvorschläge (rechts, a–i) paßt als einziger in das freie neunte Feld?

1. Beispiel:

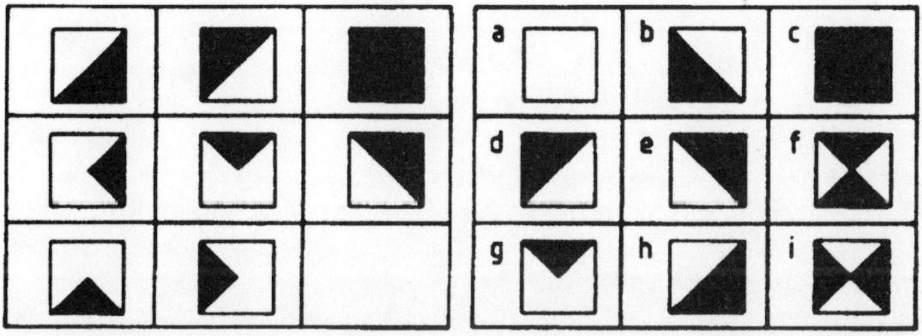

Lösung: b

Die schwarze Fläche der ersten Figur addiert mit der schwarzen Fläche der zweiten Figur ergibt (sozusagen als Summe) die dritte Figur. Dieses Prinzip gilt sowohl in vertikaler wie in horizontaler Richtung – ein wichtiger Hinweis für die generelle Bearbeitung dieses Aufgabentyps.

2. Beispiel:

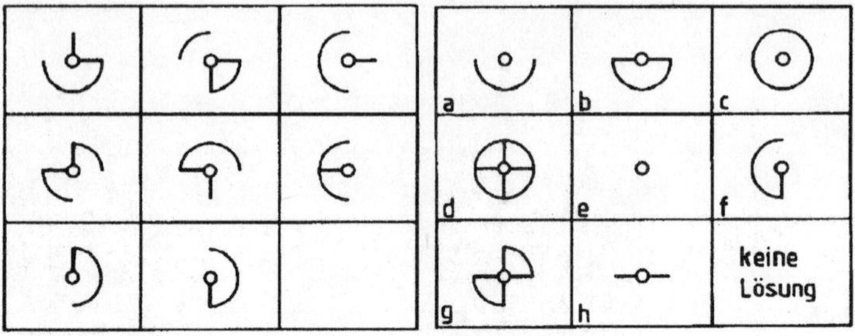

Lösung: e

Hier beherrschen drei Elemente die Szene: Der Mittelpunkt, der daran befestigte »Zeiger« und die Kreisteile (am besten in Vierteln eines Zifferblatts vorstellbar, nach dem System 1. Viertel = 12–3, 2. Viertel = 3–6 , 3. Viertel = 6–9, 4. Viertel = 9–12).

Der Mittelpunkt bleibt in allen Figuren erhalten. Leider enthalten auch alle Lösungsvorschläge a–i den Mittelpunkt, so daß die sinnvolle Testbearbeitungsstrategie, nicht in Frage kommende Lösungsvorschläge zu eliminieren (= Ausschlußstrategie) hier (noch) nicht weiterhilft. Betrachten wir jetzt als zweites Element den »Zeiger«: Er bleibt in der ersten und in der zweiten Zeile jeweils in gleicher, unveränderter Position. In der dritten Zeile gibt es ihn nicht mehr. Wir schließen daraus, daß die Lösungsfigur entsprechend der dritten Zeile keinen Zeiger haben darf. Insofern hilft die Ausschlußstrategie jetzt weiter: Die Löungsvorschläge b, d, f, g, h und i fallen weg (als Lösungen bleiben nur noch a, c und e übrig). Nun kommen wir zur Betrachtung des dritten Elements, der Kreisteile (Viertelkreise). Doppelt (d.h. sowohl in der ersten wie in der zweiten Figur/= Zeichnung, Kästchen) enthaltene Kreisteile fallen in der dritten Figur weg, einmal vorhandene bleiben.

Am Beispiel der ersten Zeile: Der Viertelkreis 3–6 ist in der zweiten Figur ebenfalls enthalten und in der dritten nicht mehr. Der Viertelkreis 6–9 in der ersten Figur ist in der zweiten Figur nicht vorhanden, aber in der dritten. Der Viertelkreis 9–12 wird in der ersten Figur nicht verwendet, aber in der zweiten und bleibt deshalb auch in der dritten. Nach dem gleichen Prinzip ist auch die zweite Zeile aufgebaut.

In der dritten Zeile herrscht als das »Gesetz«, daß der Kreis 12–6 (zwei zusammengesetzte Kreisviertel) in den ersten beiden Figuren (= Zeichnung, Kästchen) vorhanden ist und deshalb im dritten wegfallen muß. Also bleibt als Lösung unter Berücksichtigung der Elemente Mittelpunkt und Zeiger nur die Lösung e übrig. Die aufgeführten »Gesetzmäßigkeiten« gelten auch für die Aufgabenbearbeitung in vertikaler Richtung.

Weitere Beispielaufgaben:

1. Wie lautet das fehlende Wort bei der folgenden Wortgleichung?
   Muster verhält sich zu Entwurf wie Maschine zu ...?

a) Antrieb b) kaputt c) Räder d) Arbeit e) Konstruktion

2. Die folgenden Zahlenreihen sind nach bestimmten Regeln aufgebaut. Wie lautet die nächste Zahl in der Reihe?

a) 81 9 18 2 11 ?
b) 2 5 11 23 47 ?
c) 18 20 10 14 6 12 6 14 ?

Aber auch Aufgaben wie diese sind zu lösen:
3. Wenn es um die Wurst geht, ist Rambo nicht der schnellste Hund. Waldi und Bonzo sind gleich schnell. Ringo ist schneller als Bonzo, aber doch langsamer als Fiffi. Ricky ist langsamer als Waldi, aber bedeutend schneller als Hektor. Rambo ist schneller als Ricky und Hektor ist ein guter Futterverwerter. Welcher Hund kriegt die Wurst (am schnellsten)?

Jetzt geht es um logisches Denken und Abstraktionsvermögen – die Realität ist außer Kraft gesetzt. Welche Aussage a–d ist logisch richtig?
4. Nur schlechte Menschen betrügen oder stehlen.
Elfriede ist gut.
Also was stimmt? (im Sinne von logisch richtig!).
a) Elfriede ist ein guter Mensch.
b) Elfriede betrügt und stiehlt nicht.
c) Elfriede ist nicht schlecht.
d) Gute Menschen wie Elfriede betrügen oder stehlen nicht.
e) Schlechte Menschen betrügen.

Lösungen: 1e, 2a: Elf Neuntel (System : 9 + 9...)/ 2b: 95 (System x 2 +1...)/ 2c: 10 (System +2 - 10, +4 - 8, +6 - 6, +8 - 4 ...)/3 Fiffi, 4 a–d falsch, denn Elfriede ist nicht als Mensch definiert, sie könnte z.B. eine Testsau sein ...

79 Was verbirgt sich hinter Leistungs- und Konzentrations-Tests?

Sehr häufig werden Tests eingesetzt, von denen sich die Anwender versprechen, etwas über Ihr allgemeines Konzentrations- und Leistungsvermögen zu erfahren. Ob das in der Streßsituation eines Einstellungstests überhaupt möglich ist, kann bezweifelt werden.

Es wäre zu schön um wahr zu sein, wenn man Bewerbern eine Arbeitsaufgabe vorlegen könnte und ihnen beim Lösen – möglichst nicht länger als 30, maximal 60 Minuten – quasi über die Schulter schaut, um daraus zuverlässig vorhersagen zu können: Dieser Bewerber kann gut, schnell und konzentriert arbeiten.

Dieser Wunsch ist verständlich, aber deshalb nicht weniger unmöglich. Es ist unrealistisch, aus einem Arbeitsproben-Miniausschnitt Rückschlüsse auf das Lern- und Arbeitsverhalten ganz allgemein zu ziehen.

Der Arbeitskreis Assessment-Center e.V. hat 1992 erstmals Empfehlungen in Form sogenannter Standards formuliert, denen ein AC genügen muß. Auch er kritisiert den Einsatz von Leistungstests im AC als problematisch und zählt ihren Gebrauch im AC sogar zu den Verstößen gegen die von ihm aufgestellten Standards (vgl. Hermann-Josef Fisseni/Georg P. Fennekels: Das Assessment Center. Eine Einführung für Praktiker. Verlag für angewandte Psychologie. Göttingen 1995, S. 66). »Die üblichen Leistungstests sind kaum je nach jenen Aufgabenbereichen konstruiert, die das Assessment Center prüfen will. In diesem Sinne widerspricht die Generalität des Leistungstests der Spezifität des Assessment Centers« (Fisseni/Fennekels, a.a.O., S. 67).

Nichtsdestotrotz müssen Sie damit rechnen, mit solchen Aufgaben konfrontiert zu werden. Deshalb ist es gut zu wissen, was auf Sie zukommen kann und wie man diese Tests am besten bewältigt (siehe dazu auch nächste Frage).

80 Welche typischen Aufgaben enthalten Leistungs- und Konzentrations-Tests?

Zwei Beispiele für Aufgabentypen aus diesem Bereich:

1. Buchstaben durchstreichen

Unzählige Buchstabenreihen tauchen vor dem Auge des Betrachters auf. Die Aufgabe: In den Buchstabenreihen müssen alle d, die zwei Striche haben, durchgestrichen werden, d, die mehr oder weniger als zwei Striche haben (oben/unten), dürfen nicht durchgestrichen werden, ebensowenig wie alle b und q.

```
‖ ‖     ‖     |  |   |  |  |    |  ‖ |  |   |  |  |  |  ‖ |    |  ‖
d d d d d d d d q d b q d d d d d d d b q d b q d d d d d d d d d
|  ‖ |   ‖ |  |  |  ‖   |  |  |     |  | ‖ |  |  | ‖ |  |  |   |  |  |   |  |  |
```

usw. usw.

2. Leistungs- und Konzentrationstest

Typisch sind folgende Aufgaben: Die obere Zeile wird zuerst ausgerechnet. Das Ergebnis darf nicht notiert, sondern muß im Kopf behalten werden. Nun ist die untere Zeile auszurechnen, und auch dieses Ergebnis ist zu memorieren. Jetzt gilt folgende Regel: Stets ist die kleinere Zahl von der größeren abzuziehen und nur dieses Ergebnis ist aufzuschreiben. Es dürfen keine Nebenrechnungen oder sonst irgendwelche Notizen gemacht werden.

Beispiel:

2 + 8 - 7
4 + 5 - 2   Ergebnis: 4

Obere Zeile: Ergebnis: 3
Untere Zeile: Ergebnis: 7

7 - 3 = 4   Nur die 4 darf als Lösung niedergeschrieben werden.

Es folgen dann unzählige dieser Rechenaufgaben. Nach dieser Rechenoperation fangen Sie mit folgender Variante von vorne an: Ist das Ergebnis der oberen Zeile größer als das Ergebnis der unteren Zeile, müssen Sie jetzt die untere Zeile von der oberen abziehen (wie gehabt). Ist das Ergebnis der oberen Zeile kleiner als das Ergebnis der unteren Zeile, müssen Sie es dazuzählen.

81 Kann man sich auf diese Art von Testaufgaben vorbereiten?

Ja, man kann. Sie müssen also nicht verzweifeln, auch wenn so manch einem danach zumute ist, wenn er das erste Mal vor Paper-Pencil-Testaufgaben – so der Fachausdruck – sitzt und Schwierigkeiten damit hat. Ihnen geht es da nicht anders als den meisten AC-Kandidaten, die auch dabei ziemlich ins Grübeln kommen.

Drei Aspekte sind für die richtige Vorbereitung zu berücksichtigen:

- die emotionale,
- die intellektuelle und
- die organisatorische Vorbereitung.

Was heißt das?

Machen Sie vor allem Ihr Selbstwertgefühl nicht von diesen Testergebnissen abhängig. Von wissenschaftlicher Seite wird der Ableitung und Vorhersagbarkeit von Testerfolg auf Berufserfolg sogar entschieden widersprochen. Das Testresultat ist kein »Gottesurteil« und sagt absolut nichts über Ihre Intelligenz, Ihre wirkliche Leistungs- und Konzentrationsfähigkeit, Ihren Wert als Mensch und über Ihre angebliche (Nicht-) Eignung für eine bestimmte Position aus. Diese Anmerkung gilt übrigens für das gesamte AC-Verfahren!

Ganz wichtig ist das Sammeln von Informationen über Tests und Auswahlverfahren bei für Sie in Frage kommenden Arbeitgebern. Besorgen Sie sich entsprechende Literatur (s.a. S. 156), üben Sie diese Tests und lernen Sie, die Prinzipien zu durchschauen. Erkundigen Sie sich gegebenenfalls nach weiteren Übungsmöglichkeiten (siehe Frage 100).

82 Was tun, wenn Sie nicht auf die richtige Lösung kommen?

- Nutzen Sie die Zeit der Aufgabenerklärung zu Beginn der Tests: Verdeutlichen Sie sich das Aufgaben- und Lösungsschema, versuchen Sie, sich an ähnliche, bereits gelöste Aufgaben aus Test-Trainings-Büchern zu erinnern. Fragen Sie den Testleiter bei Unklarheiten, solange dazu Gelegenheit besteht.
- Arbeiten Sie so schnell wie möglich, mit einem sinnvollen Maß an Sorgfalt.
- Beißen Sie sich nicht an schwierigen Aufgaben fest, Sie verlieren sonst wertvolle Bearbeitungszeit für andere, vielleicht viel leichtere Aufgaben. In der Regel sind Testaufgaben mit steigendem Schwierigkeitsgrad angeordnet.
- Sind verschiedene Antwortmöglichkeiten vorgegeben, wenden Sie bei Zweifeln bezüglich der richtigen Lösung die folgende Strategien an:
- Versuchen Sie, falsche Lösungen zu eliminieren, um so die richtige »einzukreisen« (Ausschlußstrategie). Es ist leichter und erfolgversprechender, unter zwei verbleibenden Möglichkeiten auszuwählen, als unter mehreren.
- Raten Sie notfalls lieber, anstatt gar nichts anzukreuzen.

83 Warum sollte man auch in den AC-Pausen wachsam sein?

In den Pausen, auch auf der gemeinsamen Fahrt in das wunderschön gelegene Ausbildungszentrum, was immer Sie zwischen erstem und letztem Kontakt während der AC-Veranstaltung tun, sagen etc.: Es kann mit einfließen in die Gesamtbeurteilung Ihrer AC-Leistung. D.h.: Sie werden auch in den Pausen beobachtet. Wie reden Sie da – vielleicht ganz anders als in den AC-Übungen. Sind Sie jemand, der auf andere zugeht? Verstehen Sie die Kunst des Small Talks, oder gelingt es Ihnen nicht, mit anderen hier und da ein wenig unverfänglich zu plaudern? Wer eine Führungsposition anstrebt, dem darf es nicht wahnsinnig schwerfallen, Kontakte zu knüpfen, mit Fremden zu plaudern. Auch in Berufen, die sehr kundenorientiert sind, wird diese Fähigkeit hoch bewertet. Sie sollen natürlich aber auch nicht ohne Punkt und Komma reden, so daß die anderen gar keine Chance mehr haben, zu Wort zu kommen. Dennoch macht es sich selbstverständlich gut, wenn Sie derjenige sind, dem es gelingt, peinliche Gesprächspausen durch entsprechende Themen und Fragen zu überbrücken.

84 Warum sollten Sie sich bei einer Einladung zum Dinner niemals überschwenglich bedanken?

Weil Sie auch bei einer Einladung zum Essen – ob nun ganz edel oder nur in der Kantine – nach wie vor auf dem Prüfstand stehen. Bisweilen werden die AC-Kandidaten sogar explizit aufgefordert, sich mit den Beobachtern am Eßtisch zusammenzusetzen. Und wenn angeblich alles vorüber ist und man noch schnell auf ein Glas Bier oder Wein zusammenkommt und aufgefordert wird: »Nun mal ganz unter uns, wie fanden Sie es denn wirklich?«, dann drängt sich der Gedanke auf, ein AC scheint niemals zu enden, und das ganze Leben ist ein einziger Test ...

85 Wie sammelt man beim Essen Pluspunkte?

Wie wir bei Frage 83 bereits erwähnt haben: Auch oder gerade in Situationen, in denen man Sie nicht befragt – wie eben bei einem solchen gemeinsamen Essen – stehen Sie unter Beobachtung. Geprüft wird vor allem Ihre soziale Kompetenz und Ihr allgemeines Kommunikationsvermögen. Und deshalb wird sehr genau darauf geachtet, wie Sie sich in einer scheinbar ungezwungenen Umgebung oder Runde verhalten. Wie ist Ihr gesellschaftliches Auftreten und was verraten Sie in gemütlicher Atmosphäre nach einigen Gläschen Wein? Wie klingt Ihr privater Erzählstoff? Nur »Ha-Ho-He ... Hertha BSC« oder Ihre Erlebnisse bei Wattwanderungen (»An der Noooordseeeeküstäää ...«)?

Man achtet darauf, wie Sie gegebenenfalls mit Speisekarte, Messer und Gabel, Kellnern umgehen. Schlingen Sie alles in sich hinein, aus Angst, zu kurz zu kommen, oder warten Sie ab, bis alle versorgt sind? Entpuppen Sie sich als schwieriger Vegetarier, dem man gar nichts recht machen kann? Stopfen Sie Ihr Pfeifchen, nachdem Sie als Vorspeise ein Bauernomelette weggeputzt haben? Was machen Sie mit dem Rotweinfleck, den Sie versehentlich beim Einschenken eines Glases verursacht haben? Haben Sie sich zum Abendessen umgezogen, präsentieren Sie sich jetzt im Freizeitlook (Leder, Kaschmir oder Jeans?), oder transportiert Ihre Kleidung die Transpirationen angestrengter AC-Arbeitsstunden?

Sie sehen, es gibt viele Fettnäpfchen, in die man bei einem solch »ungezwungenen« Zusammensein tappen kann. Deshalb aufgepaßt.

86 Welche Fehler gilt es bei einer Einladung zum Essen unbedingt zu vermeiden?

Es gibt einige Fauxpas, die Ihnen beim Essen nicht passieren sollten. Hier die häufigsten:

- als erster wild zugreifen;
- den Teller überhäufen;
- Schmatz- und Rülpsgeräusche;
- Alkohol – es sei denn, der Gastgeber/AC-Veranstalter möchte unbedingt einen Wein oder einen Sekt trinken. Halten Sie aber Maß. Nichts ist peinlicher, als leicht angeheitert ins Plaudern zu geraten und womöglich Dinge zu verraten, die man doch eigentlich für sich behalten wollte;
- den Alleinunterhalter spielen und einen derben Witz nach dem anderen reißen;
- andere nicht ausreden lassen;
- nicht richtig mit Messer und Gabel essen können;
- das Essen kritisieren;
- nachwürzen, bevor man überhaupt gekostet hat;
- Messer ablecken;
- quer über den Tisch greifen, weil man eine Schüssel, ein Gewürz etc. möchte;
- Gläser beim Einschenken anheben oder schräg halten (Ausnahme Sekt/Champagner);
- das Glas, obwohl es einen Stiel hat, am Kelch halten;
- Kork im Glas mit den Fingern statt mit einem unbenutzten Besteckteil herausfischen;
- mit vollem Mund trinken;
- Kaffee-/Teetassen mit beiden Händen halten;
- die Bedienung unfreundlich behandeln;

usw., usw.

87 Kann man sich auf diese besondere Prüfungssituation vorbereiten?

Sind Sie unsicher, was die wichtigsten Benimmregeln betrifft, empfehlen wir Ihnen die Lektüre von entsprechender Ratgeberliteratur mit den wichtigsten Tips für gutes Benehmen.

Ansonsten gilt: Seien Sie gut vorbereitet auf Fragen zu Hobbys, Lieblingslektüre und -film etc., an angemessenen Konversationsthemen wird es nicht fehlen. Lesen Sie vorher intensiv Zeitungen/Magazine, um genügend Gesprächsstoff zu haben. Aber denken Sie daran: Es geht nicht darum, um jeden Preis im Mittelpunkt zu stehen und die anderen mit einer Informationsflut zu überschwemmen. Genauso wichtig ist es natürlich, den anderen aufmerksam zuzuhören.

88 Welchen Zweck verfolgt das Abschlußgespräch?

Das Abschlußgespräch soll das Auswahlverfahren abrunden und von Arbeitgeberseite aus eine gute Abschiedsatmosphäre schaffen. Dazu werden Ihnen u.a. folgende Fragen gestellt:

- Wie haben Sie das AC-Verfahren erlebt?
- Was war in dem AC gut, was schlecht, was sollten wir ändern?
- Wo sehen Sie persönliche Stärken und Schwächen?
- Wie zufrieden sind Sie mit Ihrer Leistung?
- Wie beurteilen Sie Ihre Mitbewerber?

Nach der Befragung gibt es in der Regel eine mehr oder minder ausführliche Einschätzung von Seiten der AC-Veranstalter und Beobachter, wie man mit den Leistungen der Bewerber zufrieden ist. In der Regel wird darauf geachtet, die Kandidaten in freundlich-moderater Weise zu loben. Kritik und Verbesserungsempfehlungen werden eigentlich nur an AC-Teilnehmer adressiert, die bereits zum Unternehmen gehören und sich um einen Aufstieg bemüht haben. Bei diesen lohnt sich das, externe Bewerber dagegen werden immer mit lobenden Worten und natürlich mit allen guten Wünschen für die berufliche Zukunft weggeschickt (siehe auch Frage 94).

89 Welche Anforderungen gelten hier?

Die Anforderungen für das Abschlußgespräch sind vergleichbar mit denen des AC-Interviews, also Persönlichkeit, Leistungsmotivation, Kompetenz. Möglicherweise fragt man Sie auch etwas konkreter nach Ihren Gehaltsvorstellungen, Arbeitsbedingungen (Ort, Zeit, Aufgabenschwerpunkt). Aber machen Sie sich keine falschen Hoffnungen – noch ist nichts entschieden.

Falls Ihr Gegenüber mehr spricht und Sie kaum zum Zuge kommen, brauchen Sie sich nicht zu wundern. Manchmal nutzen Firmen das Abschlußgespräch zur Imagepflege.

90 Warum ist im Abschlußgespräch noch einmal Vorsicht geboten?

Weil Sie immer noch auf dem »Präsentierteller« sitzen und nach wie vor genauestens beobachtet werden. Halten Sie Ihre Rolle weiter durch – so lautet die Devise für das Abschlußgespräch. Selbst die noch so joviale Aufforderung (nach dem Motto: »Jetzt, wo alles vorüber ist, können Sie offen sprechen, frei von der Leber weg kritisieren«) sollten Sie mit Vorsicht genießen. Denn der Test geht weiter. Dies ist nicht der Moment der Abrechnung oder gar der Entspannung!

Zeigen Sie weiter freundliche Aufmerksamkeit für Ihr Gegenüber. Natürlich müssen Sie sich angemessen selbstkritisch einschätzen und selbstverständlich die eine oder andere AC-Übung loben sowie eine mehr oder minder kritische Bemerkung formulieren, damit man sieht, daß Sie auch das können.

Insbesondere bei Fragen zu Ihren AC-Mitbewerbern kommt es auf Ihr diplomatisches Geschick an. Natürlich bewundern Sie die guten Leistungen, die Eloquenz des einen oder anderen, und sollte sich jemand wirklich bis auf die Knochen blamiert haben, so ist hier der Moment, wohlwollendes persönliches Mitgefühl zu demonstrieren. Machen Sie sich bloß nicht lustig bzw. äußern Sie sich nicht verächtlich über Ihre Mitstreiter, selbst wenn Sie dazu aufgefordert werden.

91 Warum haben Frauen im Assessment Center Nachteile?

Bewerberinnen haben es vielleicht schon in anderen Situationen, z.B. im Vorstellungsgespräch erlebt, daß sie mit Fragen konfrontiert wurden, die Ihren männlichen Mitbewerber nicht gestellt werden. Und auch im AC setzt sich die ungleiche Behandlung fort. Wenn Frauen sich bewerben, läuft noch immer einiges anders. »Sind Sie schwanger«, oder »Planen Sie, Kinder zu bekommen« – diese Fragen beispielsweise, obwohl unzulässig, müssen sich Bewerberinnen immer wieder anhören.

Abgesehen davon ist es leider noch so, daß Frauen in Führungspositionen deutlich unterrepräsentiert sind, was unter anderem auch damit zusammenhängt, daß man(n) ihnen immer noch nicht zutraut, einer solchen Aufgabe gewachsen zu sein. Infolgedessen sind die Chancen in so manchem Unternehmen – ob mit oder ohne AC – für Frauen einfach noch schlechter.

Übrigens: Wenn Ihnen als Bewerberin Fragen wie die obigen gestellt werden, sollten Sie daran denken, daß es laut Bundesarbeitsgericht – vergleichbar mit dem Begriff der Notwehr – den Sachverhalt der Notlüge gibt. Darunter ist zu verstehen, daß Sie bestimmte Fragen, die keinen unmittelbaren Bezug zum angestrebten Arbeitsplatz haben (z.B. nach privaten Plänen), in Bewerbungsverfahren nicht wahrheitsgemäß beantworten müssen, wenn davon auszugehen ist, daß von der Antwort die Vergabe der Position abhängen könnte.

Beantworten Sie also eine solche unzulässige Frage falsch, hat dies keinen Einfluß auf die Gültigkeit Ihres Arbeitsvertrags (s.a. Frage 53).

92 Was sagen die Testergebnisse im Assessment Center über die berufliche Eignung der Kandidaten aus?

Es leuchtet eigentlich jedem ein, daß es überhaupt nicht möglich ist, berufliche Erfolgskriterien eindeutig festzuschreiben, und daß es noch schwieriger ist, diese in Form von Kandidaten-Spielen vorführ- und überprüfbar zu machen, geschweige denn Verhaltensvorhersagen für die zukünftige Berufsentwicklung daraus abzuleiten.

In der Annahme, daß ein Arbeitsplatz seinem Inhaber ganz bestimmte Eignungs- und Persönlichkeitsmerkmale abverlangt, versucht der AC-Konstrukteur, eben diese herauszufiltern und in von ihm erdachten angeblich realitätsgerechten Übungen zu überprüfen. Bei der Bewerberauswahl für einen Posten als Marktschreier mag das noch recht einfach sein – hier kommt es vor allem auf die Kraft der Stimme an. Bei einer gehobenen Führungsaufgabe mit komplexen Arbeitsabläufen ist es ungleich viel schwerer, die diversen Erfolgsmerkmale zu bestimmen. Und auch der Marktschreier braucht neben einer lauten Stimme noch andere Eigenschaften, wie z.B. ein ansprechendes Äußeres, Überzeugungskraft usw.

Daß das AC nicht halten kann, was deren Konstrukteure versprechen, haben auch einige Unternehmen eingesehen. Infolgedessen ist nach einer Reihe von negativen Erfahrungen die eine und andere Firma wieder vom AC abgerückt.

93 Wie schnell wird das Ergebnis mitgeteilt?

Das ist unterschiedlich. In einigen Assessment Centern werden den Kandidaten zwischendurch die Ergebnisse einzelner Testabschnitte mitgeteilt. Möglich ist auch, daß – wie bei den zehn kleinen Negerlein – die Gruppen im Verlauf des ACs immer kleiner werden, d.h., diejenigen, die nicht die gewünschten Ergebnisse erzielen, werden zwischendurch schon »aussortiert«.

Eine andere Variante besteht darin, daß alle Kandidaten bis zum Ende des ACs dableiben und dann nach einer gewissen Wartezeit zum Einzelgespräch gebeten werden, wo ihnen ihr Ergebnis mitgeteilt wird.

Andere Unternehmen wiederum schicken die Teilnehmer mit der Aufforderung nach Hause, am nächsten Tag telefonisch das Testergebnis zu erfragen, oder versenden nach ein bis vier Wochen mehr oder minder freundliche »Absage-gute-Wünsche-Briefe«.

94 Werden die Entscheidungen für oder gegen einen Kandidaten immer ausführlich begründet?

Nein, das ist nicht sicher. In einigen Fällen gibt es ein ausführliches Feedbackgespräch, andere Unternehmen teilen nur kurz und knapp das Ergebnis mit. Häufig muß man ausdrücklich um eine detaillierte Rückmeldung bitten.

Der oben bereits erwähnte Arbeitskreis Assessment-Center e.V. hat sich auch über die Art der Besprechung des Endgutachtens mit den Bewerbern geäußert. So soll beispielsweise die Rückmeldung an die Teilnehmer »in einer Form gegeben werden, die jeder Teilnehmer individuell sinnvoll nutzen kann ... . Der Teilnehmer soll spüren, daß er von den Beobachtern sorgfältig, gewissenhaft und mit einer positiven Grundbereitschaft betrachtet wurde; d.h., die Betonung liegt auf den Stärken des Teilnehmers ...« (Hermann-Josef Fisseni/Georg P. Fennekels: Das Assessment Center. Eine Einführung für Praktiker. Verlag für Angewandte Psychologie. Göttingen 1995, S. 154). Das sind wohlgemerkt nur Empfehlungen, was eben leider nicht bedeutet, daß sich alle Unternehmen/Institutionen auch daran halten. Der Arbeitskreis empfiehlt darüberhinaus, die Rückmeldung sowohl schriftlich als auch mündlich zu geben – aber das wird von AC-Veranstaltern nur ganz selten gemacht.

95 Hat man nach bestandenem Assessment Center die Garantie auf einen Arbeitsplatz in dem Unternehmen?

Das ist unterschiedlich. In manchen Unternehmen/Institutionen wird einem nach bestandenem Assessment Center direkt ein Arbeitsvertrag angeboten, bei anderen muß man sich zunächst gedulden, bis das Testergebnis vorliegt (s.o.). Waren Sie erfolgreich, folgt möglicherweise noch eine Einladung zu einem Vorstellungsgespräch, und erst dann wird entschieden. Dabei spielen auch die Gehaltsvorstellungen eine entscheidende Rolle.

96 Was spricht gegen das Assessment Center?

»Testverfahren sind, sieht man genau hin, ein zu mächtiger Größe aufgeblasener Schwindel«, so der Psychologieprofessor Günter Rexilius von der Universität Wuppertal.

Wir können ihm da nur zustimmen. Assessment Center halten nicht, was sie versprechen. Beruflichen Erfolg vom Abschneiden in einem Testverfahren abzuleiten – diese Hoffnung ist wissenschaftlich nicht haltbar. Hinzu kommt, daß es sich bei den zur Personalauswahl eingesetzten Tests in der Regel um völlig unzureichende, veraltete Verfahren mit höchst fragwürdiger theoretischer Grundlage handelt.

Arbeitgeber und Personalchefs verwenden Persönlichkeitstests, ohne mit der Wimper zu zucken. Da wird ungeniert nach Hemmungen, Schlafstörungen, Ängsten und quälenden Schuldgefühlen gefragt, d.h., juristisch unzulässige Fragen werden bedenkenlos gestellt. Die vorgeschriebene Beschränkung von Test- und Vorstellungsgesprächen auf arbeitsplatzbezogene Fähigkeiten und Leistungsmerkmale wird in der Regel bei weitem überschritten.

Manches, was sich im AC abspielt, erinnert an Pubertäts- und Initiationsriten von Naturvölkern, bei denen die Aufnahme von Jugendlichen in die Erwachsenenwelt vom Überstehen quälender Prozeduren (z.B. Spießrutenlaufen) abhängig gemacht wird. Ähnlich quälende Prozeduren heutiger Arbeitsplatzanbieter zeigen sich nicht nur in der Tatsache, daß für wenige Arbeitsplätze häufig mehrere hundert Bewerber getestet werden, sondern auch an anderen Punkten: z.B. dem K.o.-Verfahren, bei dem man nach einem nicht bestandenen Testteil sofort nach Hause gehen kann oder in der völligen Undurchschaubarkeit der Testsituation sowie besonders in dem enormen Zeitdruck bei der Aufgabenbearbeitung, der die Teilnehmer systematisch ängstigen soll. Tests messen deshalb vor allem die Fähigkeit, Angst zu ertragen, nicht aber – wie durch den Anschein wissenschaftlicher Objektivität scheinheilig vorgetäuscht – intellektuelle Leistungen oder gar Berufseignung.

97 Warum birgt das Assessment Center Gefahren in sich?

Gerade für Berufseinsteiger kann ein Assessment Center richtig gefährlich sein. Denn die pseudo-objektiven Testverfahren mit ihrem scheinbar wissenschaftlichen Charakter erwecken bei Bewerbern schnell den Eindruck, ein nicht bestandenes AC bedeute, man sei für den Beruf zu dumm, zu unfähig etc. Gerade bei jungen, noch nicht durch positive Erfahrungen im Beruf gefestigte Kandidaten kann ein solches Ergebnis deshalb geradezu verheerend wirken.

Testgeschädigte Bewerber klagen über eine häufig erniedrigende und menschenunwürdige Behandlung bei ACs. Da wird von »niederschmetternden Erlebnissen«, vom »Schlag auf den Kopf« und von »höchst nervenaufreibenden, belastenden und geradezu ausweglosen Situationen« berichtet.

Intelligenz-, Konzentrations-, Leistungs- und Eignungstests sind – wie bereits erwähnt – nicht im entferntesten in der Lage, das zu halten, was sie versprechen. Durchaus anders verhält es sich mit den Persönlichkeitstests, mit einer entscheidenden Einschränkung: Angewandt im klinisch-psychologischen Bereich, d.h. in einer Beratungs- bzw. Therapiesituation zwischen Psychotherapeut und Patient, können sie einen wertvollen Beitrag leisten. Hier, unter ganz anderen Voraussetzungen als in der Berufswelt, haben ausgewählte Persönlichkeitstests eine wirkliche Existenzberechtigung und können für beide (Testanwender und Getesteten) hilfreich sein. Im beruflichen Feld eingesetzt stellen sie eine wirkliche Bedrohung des Arbeitnehmers dar und sind in jeder Hinsicht psychologisch, moralisch und juristisch verwerflich.

98 Warum wenden Firmen trotzdem ACs an?

Testbefürworter argumentieren im allgemeinen so:

- Die auf Tests basierenden Personalentscheidungen sind gerechter, rationaler und transparenter als solche, die auf Zeugnisse, Gesprächseindrücke oder gar Graphologie zurückgreifen.
- Ein Vorzug von Tests besteht in der direkten Vergleichbarkeit der gezeigten Leistungen. Alle Bewerber haben die gleichen Chancen: Jeder bekommt die gleichen Testaufgaben, alle haben dieselbe Testbearbeitungszeit, und das Testergebnis wird nach dem gleichen Schema ausgewertet. Damit sind Tests objektiver.
- Man kann Schulnoten und Arbeitszeugnissen usw. nicht trauen. Außerdem ermöglichen sie keine Aussage über zukünftige Leistungen.
- Tests dienen dazu, dem Arbeitgeber teure Fehlentscheidungen bei der Bewerberauswahl zu ersparen. Sie helfen aber auch dem Bewerber, indem sie ihm ein Feedback darüber geben, ob er für eine bestimmte berufliche Aufgabe geeignet ist oder nicht.

Unsere Einschätzung: Bei allem Verständnis für den Arbeitgeberwunsch, die besten Kandidaten aussuchen zu wollen – so funktioniert es einfach nicht. Der angerichtete Schaden unter den Bewerbern ist größer als der vermeintliche Nutzen.

99 Wie baut man sich nach einer eventuellen »Niederlage« wieder auf?

Indem Sie sich immer wieder verdeutlichen: Die Ergebnisse im Assessment Center sagen nichts aus über Ihre Eignung für den Beruf. Ein AC nicht bestanden zu haben, heißt also nicht, daß man seine Berufsziele aufgeben muß. Denn beim AC steckt – wie bei jedem Testverfahren – der Teufel im Detail. Daß es überhaupt nicht möglich ist, Kriterien für den beruflichen Erfolg eindeutig festzuschreiben und noch schwieriger, diese in Form von Kandidaten-Spielen vorführ- und überprüfbar zu machen, geschweige denn Verhaltensvorhersagen für die zukünftige Berufsentwicklung daraus abzuleiten, sollte eigentlich jedem schnell einleuchten.

Daß darüber hinaus die AC-Beobachter, die die schwere Aufgabe haben, das gewünschte Verhalten zu erkennen und richtig einzuschätzen, oft überfordert sind, ist ein zusätzlicher Störfaktor, der selbst den mutigsten AC-Konstrukteuren großes Kopfzerbrechen bereitet.

Im AC haben wir es mit höchst fragwürdigen theoretischen Grundlagen zu tun (z.B.: Was ist »Berufseignung«, was »Persönlichkeit«, was sind »Führungseigenschaften«?). Das Standardwerk der Testkritik kommt in seinem AC-Kapitel zu einem vernichtenden Resümee: »Bei einer strengen Orientierung an eignungsdiagnostischen Kriterien ist das AC bislang seinen Nachweis, gegenüber herkömmlichen Verfahren ein erheblich verbessertes Prädiktorinstrument zu sein, schuldig geblieben. Weder handelt es sich bei dem AC um eine repräsentative Stichprobe der späteren Arbeitstätigkeit, noch kann sichergestellt werden, daß mit den Übungen tatsächlich die arbeitsplatzbezogenen Fähigkeiten und Einstellungen erfaßt werden, die man zu messen behauptet.« (Hanft, A.: Eignungsdiagnostik in Betrieben – Psychologische Testverfahren und Assessment Center als Instrumente der Personalselektion. In: Grubitzsch, S.: Testtheorie – Testpraxis. Reinbek b. Hamburg 1991, S. 290).

Ganz abgesehen davon kann es beim AC nicht um die Frage Sieg oder Niederlage gehen, schließlich befinden wir uns hier nicht auf dem Schlachtfeld (auch wenn mancher Bewerber ein solches Gefühl nicht los wird ...). Es geht auch nicht um richtig oder falsch, sondern eher um die Frage: Passen Sie zu dem Unternehmen oder nicht? Und nicht in eine Firma zu passen, sagt nun wirklich nichts Negatives über Sie aus. Manchmal sogar ganz im Gegenteil ... Vielleicht – das ist sicher nur ein schwacher Trost – können Sie sogar froh sein, noch einmal »davongekommen zu sein«. Wer weiß, vielleicht wären Sie am Arbeitsplatz in diesem Unternehmen nicht glücklich geworden.

Zum »Aufbau« empfehlen wir auch, einmal die Erlebnisberichte anderer Bewerber (z.B. in Hesse/Schrader: *Assessment Center, Bewältigungsstrategien für das härteste Personalauswahlverfahren)* zu lesen. Da werden Sie sehen, daß viele Kandidaten ganz ähnliche Erfahrungen im AC gemacht haben.

100 Wie bereitet man sich auf das Assessment Center vor, und wo gibt es weitere Informationen zu diesem Verfahren?

Der wichtigste Punkt bei der Vorbereitung ist die Einstellung. Versuchen Sie, auch wenn es schwer fällt, das Assessment Center nicht zu ernst zu nehmen und schon gar nicht die daraus abgeleiteten Aussagen über Ihre Eignung für den Beruf oder eine spezielle Aufgabe. Gehen Sie deshalb nicht völlig verkrampft an die Sache heran, sondern positiv. Immerhin findet man Sie so interessant und unterstellt Ihnen ein gewisses Potential, daß Sie zum »näheren Kennenlernen« eingeladen werden. Falls es am Ende nicht klappt, verbuchen Sie das Ganze als zusätzliche Erfahrung. Wenn es gut läuft, um so besser.

Zur Vorbereitung können Sie zwischen verschiedenen Ratgebern wählen. In unseren zahlreichen Test-Trainings-Büchern beleuchten wir psychologische, pädagogische und juristische Aspekte. Besonderer Schwerpunkt unserer Veröffentlichungen ist es, dem Leser die wichtigsten Testaufgabentypen praxisnah vorzustellen, um ihre erfolgreiche Bearbeitung auch mittels spezieller Lösungsstrategien trainieren zu können.

Ausführliche Trainingsmöglichkeiten für Intelligenz- und Leistungs-/Konzentrations-Tests finden Sie in: Hesse/Schrader: *Testtraining 2000. Einstellungs- und Eignungstests erfolgreich bestehen.* Frankfurt a.M. (Eichborn Verlag) 1998; Hesse/Schrader: *Testaufgaben. Das Übungsprogramm.* Frankfurt a.M. (Eichborn Verlag) 1998 sowie in unseren speziellen Assessment-Center-Büchern für Führungskräfte, Hochschulabsolventen und Ausbildungsplatzsuchende.

Natürlich können Sie auch entsprechende Seminare besuchen und sich an Karriereberatungen wenden. Für Hochschulabsolventen/Studierende werden an einigen Universitäten Kompaktseminare oder Wochenendveranstaltungen angeboten, wo man die wichtigsten AC-Übungen kennenlernt.

Eine fast kostenlose Trainingsalternative: Bewerben Sie sich bei Unternehmen, die Sie eigentlich gar nicht interessieren, aber von denen Sie wissen, daß sie ACs zur Bewerberauswahl heranziehen. Hier geht es für Sie um nichts, und Sie können »in Ruhe« AC-Aufgaben durchexerzieren.

Je besser Sie vorbereitet sind, desto lockerer können Sie mit einem echten AC umgehen. Auch wenn AC-Veranstalter – aus verständlichen Gründen – immer behaupten, man könne ein AC nicht trainieren, sollten Sie zur eigenen Sicherheit nicht auf die Vorbereitung verzichten. Und außerdem: Manche Unternehmen erwarten sogar, daß sich Bewerber kundig gemacht haben. Denn das sagt doch auch über Sie als Person etwas aus. Wenn Sie völlig unvorbereitet an diese Aufgabe herangehen, könnte man annehmen, daß Sie am Arbeitsplatz ähnlich unprofessionell agieren.

Trainieren Sie also ruhig die einzelnen Übungen, aber versuchen Sie nicht, sich total zu verbiegen. Sie wären auf Dauer sicher nicht glücklich in einem Beruf, in dem Sie nie so sein könnten, wie Sie wirklich sind.

Und denken Sie daran:

Wir sind nicht auf der Welt, um so zu sein, wie andere uns haben wollen!

WAS SIE NOCH WISSEN SOLLTEN ...

Das Autorenteam Hesse/Schrader ist seit 15 Jahren auf dem Sektor der Bewerbungsratgeber sowie zu weiteren Themen aus der Arbeitswelt publizistisch tätig und hat im Laufe dieser Zeit mehr als 40 Bücher veröffentlicht. Viele davon liegen auch als Taschenbuchausgabe vor. Am Anfang stand die erstmalige Veröffentlichung aller gängigen sogenannter Intelligenztests und deren kritische Reflexion in dem Buch *Testtraining für Ausbildungsplatzsucher* (1985) – allein dies inzwischen mit einer Gesamtauflage von knapp einer Million Exemplare. Ebenfalls Neuland zum Bereich »Überleben in der Arbeitswelt« erschloß ihr Buch *Die Neurosen der Chefs – die seelischen Kosten der Karriere.* Von besonderem Interesse für den Leser dieses Buches ist die Reihe *Die perfekte Bewerbungsmappe,* Bücher im DIN-A-4-Format, die Bewerbungsunterlagen erfolgreicher Kandidaten originalgetreu präsentieren. Auch die Bücher *Die überzeugende Initiativbewerbung, Das erfolgreiche Stellengesuch* sowie *Bewerbung und Stellensuche im Internet* behandeln Themen, die Bewerbungsvorhaben innovativ unterstützen. Zu dem in diesem Buch behandelten Themenblock gibt es die folgenden Titel, in denen Sie ausführliches Übungsmaterial finden: *Assessment Center; Assessment Center für Hochschulabsolventen;* in Vorbereitung für den Herbst 1999: *Testtraining für Ausbildungsplatzsuchende – Wie man Assessment Center und andere Gruppenauswahlverfahren erfolgreich besteht.* Eine generelle Übersicht und Vorbereitungsgrundlage stellt auch das Standardwerk *Testtraining 2000* dar.

Beide Autoren verfügen über eine langjährige Erfahrung als Seminarleiter bei Bewerbungstrainings. Ein besonderes Interesse gilt der gewerkschaftlichen Bildungsarbeit in Form von Anti-Mobbing- und Konfliktmanagement-Seminaren. 1992 gründeten sie in Berlin das ***Büro für Berufsstrategie***, das ausschließlich Arbeitnehmer in allen erdenklichen beruflichen Fragen berät und unterstützt.